AF275231

COLEX

Disfrute gratuitamente **DURANTE UN AÑO** de los eBook y audiolibros de las obras de Editorial Colex*

- ⊳ Acceda a la página web de la editorial **www.colex.es**

- ⊳ Identifíquese con su usuario y contraseña. En caso de no disponer de una cuenta regístrese.

- ⊳ Acceda en el menú de usuario a la pestaña «Mis códigos» e introduzca el que aparece a continuación:

RASCAR PARA VISUALIZAR EL CÓDIGO

- ⊳ Una vez se valide el código, aparecerá una ventana de confirmación y su eBook y/o audiolibro estará disponible **durante 1 año desde su activación** en la pestaña «Mis libros» en el menú de usuario.

---

* Los audiolibros están disponibles en las ediciones más recientes de nuestras obras. Se excluyen expresamente las colecciones «Códigos comentados», «Biblioteca digital» y los productos de www.vademecumlegal.es.

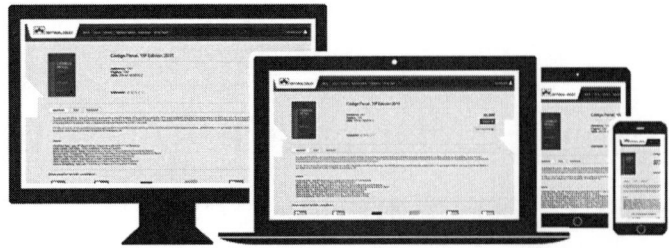

¡Gracias por confiar en nosotros!

La obra que acaba de adquirir incluye de forma gratuita la versión electrónica. Acceda a nuestra página web para aprovechar todas las funcionalidades de las que dispone en nuestro lector.

Funcionalidades eBook

Acceso desde cualquier dispositivo con conexión a internet

Idéntica visualización a la edición de papel

Navegación intuitiva

Tamaño del texto adaptable

Síguenos en: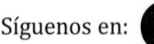

LEY DE PROPIEDAD HORIZONTAL Y LEGISLACIÓN COMPLEMENTARIA

6.ª EDICIÓN 2026

(Edición actualizada a 15 de enero de 2026)

COLEX 2026

© Editorial Colex, S.L.
Calle Costa Rica, número 5, 3º B (local comercial)
A Coruña, 15004, A Coruña (Galicia)
info@colex.es
www.colex.es

I.S.B.N.: 979-13-7011-581-4
Depósito Legal: C 90-2026

LEYENDA ICONOS

TEXTO MODIFICADO	**TEXTO NUEVO**

ABREVIATURAS

ART.	Artículo
BOE	Boletín Oficial del Estado
CC	Código Civil
CE	Constitución Española
D.A.	Disposición adicional
D.F.	Disposición final
D.T.	Disposición transitoria
DOGC	Diari Oficial de la Generalitat de Catalunya
DOGV	Diari Oficial de la Generalitat Valenciana
LAU	Ley de Arrendamientos Urbanos (Ley 29/1994, de 24 de noviembre)
LEC	Ley de Enjuiciamiento Civil (Ley 1/2000, de 7 de enero)
LH	Ley Hipotecaria (Decreto de 8 de febrero de 1946)
LPH	Ley de Propiedad Horizontal (Ley 49/1960, de 21 de julio)
RDL	Real Decreto Ley
RDLEG	Real Decreto Legislativo
RH	Reglamento Hipotecario (Decreto de 14 de febrero de 1947)

SUMARIO

LEY DE PROPIEDAD HORIZONTAL

LEGISLACIÓN SUSTANTIVA CIVIL

II.- CÓDIGO CIVIL

HIPOTECAS

III.- LEY HIPOTECARIA, DE 8 DE FEBRERO DE 1946

IV.- REGLAMENTO HIPOTECARIO DE 14 DE FEBRERO DE 1947

ESTACIONES RADIOELÉCTRICAS DE AFICIONADOS

V.- LEY 19/1983, DE 16 DE NOVIEMBRE, SOBRE REGULACIÓN DEL DERECHO A INSTALAR EN EL EXTERIOR DE LOS INMUEBLES LAS ANTENAS DE LAS ESTACIONES RADIOELÉCTRICAS DE AFICIONADOS

VI.- REAL DECRETO 2623/1986, DE 21 DE NOVIEMBRE, POR EL QUE SE REGULA LAS INSTALACIONES DE ANTENAS DE ESTACIONES RADIOELÉCTRICAS DE AFICIONADO

ACCESO A LOS SERVICIOS DE TELECOMUNICACIÓN

VII.- LEY 11/2022, DE 28 DE JUNIO, GENERAL DE TELECOMUNICACIONES

VIII.- REAL DECRETO-LEY 1/1998, DE 27 DE FEBRERO, SOBRE INFRAESTRUCTURAS COMUNES EN LOS EDIFICIOS PARA EL ACCESO A LOS SERVICIOS DE TELECOMUNICACIÓN

REHABILITACIÓN, REGENERACIÓN Y RENOVACIÓN URBANAS

ELIMINACIÓN DE BARRERAS ARQUITECTÓNICAS Y ACCESIBILIDAD PARA DISCAPACITADOS

EDIFICACIÓN

LEGISLACIÓN CATALANA

LEGISLACIÓN NAVARRA

HABITABILIDAD

LEY DE PROPIEDAD HORIZONTAL

(LEY 49/1960, DE 21 DE JULIO, SOBRE PROPIEDAD HORIZONTAL)

I.-
LEY 49/1960, DE 21 DE JULIO, SOBRE PROPIEDAD HORIZONTAL
–BOE N.º 176, de 23 de julio de 1960–

Si en términos generales toda ordenación jurídica no puede concebirse ni instaurarse a espaldas de las exigencias de la realidad social a que va destinada, tanto más ha de ser así cuando versa sobre una institución que, como la propiedad horizontal, ha adquirido, sobre todo en los últimos años, tan pujante vitalidad, pese a no encontrar más apoyo normativo que el abiertamente insuficiente representado por el artículo trescientos noventa y seis del Código Civil. La presente ley pretende, pues, seguir la realidad social de los hechos. Pero no en el simple sentido de convertir en norma cualquier dato obtenido de la práctica, sino con un alcance más amplio y profundo. De un lado, a causa de la dimensión de futuro inherente a la ordenación jurídica, que impide entenderla como mera sanción de lo que hoy acontece y obliga a la previsión de lo que puede acontecer. Y de otro lado, porque si bien el punto de partida y el destino inmediato de las normas es regir las relaciones humanas, para lo cual importa mucho su adecuación a las concretas e históricas exigencias y contingencias de la vida, no hay que olvidar tampoco que su finalidad última, singularmente cuando se concibe el Derecho positivo en función del Derecho natural, es lograr un orden de convivencia presidido por la idea de la justicia, la cual, como virtud moral, se sobrepone tanto a la realidad de los hechos como a las determinaciones del legislador, que siempre han de hallarse limitadas y orientadas por ella.

Hay un hecho social básico que en los tiempos modernos ha influido sobre manera en la ordenación de la propiedad urbana. Se manifiesta a través de un factor constante, cual es la insuprimible necesidad de las edificaciones, tanto para la vida de la persona y la familia como para el desarrollo de fundamentales actividades, constituidas por el comercio, la industria y, en general, el ejercicio de las profesiones. Junto a ese factor, que es constante en el sentido de ser connatural a todo sistema de vida y de convivencia dentro de una elemental civilización, se ofrece hoy, provocado por muy diversas determinaciones, otro factor que se exterioriza en términos muy acusados, y es el representado por las dificultades que entraña la adquisición, la disponibilidad y el disfrute de los locales habitables. La acción del Estado ha considerado y atendido a esta situación real en tres esferas, aunque diversas, muy directamente relacionadas: en la esfera de la construcción impulsándola a virtud de medidas indirectas e incluso, en ocasiones, afrontando de modo directo la empresa; en la esfera del arrendamiento, a través de una legislación frecuentemente renovada, que restringe el poder autónomo de la voluntad con el fin de asegurar una permanencia en el disfrute de las viviendas y los locales de negocio en condiciones económicas sometidas a un sistema de intervención y revisión, y en la esfera de la propiedad, a virtud principalmente de la llamada propiedad horizontal, que proyecta esta titularidad sobre determinados espacios de la edificación. La esencial razón de ser del régimen de la propiedad horizontal descansa en la finalidad de lograr el acceso a la propiedad urbana mediante una inversión de capital que, al poder quedar circunscrita al espacio y elementos indispensables para atender a las propias necesidades, es menos cuantiosa y, por lo mismo, más asequible a todos y la única posible para grandes sectores de personas. Siendo ello así, el régimen de la propiedad horizontal no sólo precisa ser reconocido, sino que además requiere que se le aliente y encauce, dotándole de una ordenación completa y eficaz. Y más aún si se observa que, por otra parte, mientras las disposiciones legislativas vigentes en materia de arrendamientos urbanos no pasan de ser remedios ocasionales, que resuelven el conflicto de intereses de un modo imperfecto, puesto que el fortalecimiento de la institución arrendaticia se consigue imponiendo a la propiedad una carga que difícilmente puede sobrellevar; en cambio, conjugando las medidas dirigidas al incremento de la construcción con un bien organizado régimen de la propiedad horizontal, se afronta el problema de la vivienda y los conexos a él en un plano más adecuado, que permite soluciones estables; y ello a la larga redundará en ventaja del propio régimen arrendaticio, que podrá, sin la presión de unas exigencias acuciantes, liberalizarse y cumplir normalmente su función económico-social.

La ley representa, más que una reforma de la legalidad vigente, la ordenación "*ex novo*", de manera completa, de la propiedad por pisos. Se lleva a cabo mediante una ley de carácter general, en el sentido de ser de aplicación a todo el territorio nacional. El artículo trescientos noventa y seis del Código Civil, como ocurre en supuestos análogos, recoge las notas esenciales de este régimen de propiedad y, por lo demás, queda reducido a norma de remisión. El carácter general de la ley viene aconsejado, sobre todo, por la razón de política legislativa derivada de que la necesidad a que sirve se manifiesta por igual en todo el territorio; pero también se ha tenido en cuenta una razón de técnica legislativa, como es la de que las disposiciones en que se traduce, sin descender a lo reglamentario, son a veces de una circunstanciada concreción que excede de la tónica propia de un Código Civil.

La propiedad horizontal hizo su irrupción en los ordenamientos jurídicos como una modalidad de la comunidad de bienes. El progresivo desenvolvimiento de la institución ha tendido principalmente a subrayar los perfiles que la independizan de la comunidad. La modificación que introdujo la Ley de 26 octubre 1939 en el texto del artículo trescientos noventa y seis del Código Civil ya significó un avance en ese sentido, toda vez que reconoció la propiedad privativa o singular del piso o local, quedando la comunidad, como accesoria, circunscrita a lo que se ha venido llamando elementos comunes. La ley –que recoge el material preparado con ponderación y cuidado por la Comisión de Códigos–, dando un paso más, pretende llevar al máximo posible la individualización de la propiedad desde el punto de vista del objeto. A tal fin, a este objeto de la relación, constituido por el piso o local, se incorpora el propio inmueble, sus pertenencias y servicios. Mientras sobre el piso "*stricto sensu*", o espacio, delimitado y de aprovechamiento independiente, el uso y disfrute son privativos, sobre el "inmueble", edificación, pertenencias y servicios –abstracción hecha de los particulares espacios– tales usos y disfrute han de ser, naturalmente, compartidos; pero unos y otros derechos, aunque distintos en su alcance, se reputan inseparablemente unidos, unidad que también mantienen respecto de la facultad de disposición. Con base en la misma idea se regula el coeficiente o cuota, que no es ya la participación en lo anteriormente denominado elementos comunes, sino que expresa, activa y también pasivamente, como módulo para cargas, el valor proporcional del piso y a cuanto él se considera unido, en el conjunto del inmueble, el cual, al mismo tiempo que se divide física y jurídicamente en pisos o locales se divide así económicamente en fracciones o cuotas.

En este propósito individualizador no hay que ver una preocupación dogmática y mucho menos la consagración de una ideología de signo individualista. Se trata de que no olvidando la ya aludida función social que cumple esta institución, entender que el designio de simplificar y facilitar el régimen de la propiedad horizontal se realiza así de modo más satisfactorio. Con el alejamiento del sistema de la comunidad de bienes resulta, ya no sólo congruente, sino tranquilizadora la expresa eliminación de los derechos de tanteo y retracto, reconocidos, con ciertas peculiaridades, en la hasta ahora vigente redacción del mencionado artículo trescientos noventa y seis. Ahora bien: tampoco en este caso ha sido esa sola consideración técnica la que ha guiado la ley. Decisivo influjo han ejercido tanto la notoria experiencia de que actualmente se ha hecho casi cláusula de estilo la exclusión de tales derechos como el pensamiento de que no se persigue aquí una concentración de la propiedad de los pisos o locales, sino, por el contrario, su más amplia difusión.

Motivo de especial estudio ha sido lo concerniente a la constitución del régimen de la propiedad horizontal y a la determinación del conjunto de deberes y derechos que lo integran. Hasta ahora, y ello tiene una justificación histórica, esta materia ha estado entregada casi de modo total, en defecto de normas legales, a la autonomía privada reflejada en los Estatutos. Estos, frecuentemente, no eran fruto de las libres determinaciones recíprocas de los contratantes, sino que, de ordinario, los dictaba, con sujeción a ciertos tipos generalizados por la práctica, el promotor de la empresa de construcción, limitándose a prestar su adhesión las personas que ingresaban en el régimen de la propiedad horizontal. La ley brinda una regulación que, por un lado, es suficiente por sí –con las salvedades dejadas a la iniciativa privada– para constituir, en lo esencial, el sistema jurídico que presida y gobierne esta clase de relaciones, y, por otro lado, admite que, por obra de la voluntad, se especifiquen, completen y hasta modifiquen ciertos derechos y deberes, siempre que no se contravengan las normas de derecho necesario, claramente deducibles de los mismos términos de la ley. De ahí que la formulación de Estatutos no resultará indispensable, si bien podrán éstos cumplir la función de desarrollar la ordenación legal y adecuarla a las concretas circunstancias de los diversos casos y situaciones.

El sistema de derechos y deberes en el seno de la propiedad horizontal aparece estructurado en razón de los intereses en juego.

Los derechos de disfrute tienden a atribuir al titular las máximas posibilidades de utilización, con el límite representado tanto por la concurrencia de los derechos de igual clase de los demás cuanto por el interés general, que se encarna en la conservación del edificio y en la subsistencia del régimen de propiedad horizontal, que requiere una base material y objetiva. Por lo mismo, íntimamente unidos a los derechos de disfrute aparecen los deberes de igual naturaleza. Se ha tratado de configurarlos con criterios inspirados en las relaciones de vecindad, procurando dictar unas normas dirigidas a asegurar que el ejercicio del derecho propio no se traduzca en perjuicio del ajeno ni en menoscabo del conjunto, para así dejar establecidas las bases de una convivencia normal y pacífica.

Además de regular los derechos y deberes correspondientes al disfrute, la ley se ocupa de aquellos otros que se refieren a los desembolsos económicos a que han de atender conjuntamente los titulares, bien por derivarse de las instalaciones y servicios de carácter general, o bien por constituir cargas o tributos que afectan a la totalidad del edificio. El criterio básico tenido en cuenta para determinar la participación de cada uno en el desembolso a realizar es la expresada cuota o coeficiente asignado al piso o local, cuidándose de significar que la no utilización del servicio generador del gasto no exime de la obligación correspondiente.

Una de las más importantes novedades que contiene la ley es la de vigorizar en todo lo posible la fuerza vinculante de los deberes impuestos a los titulares, así por lo que concierne al disfrute del apartamento, cuanto por lo que se refiere al abono de gastos. Mediante la aplicación de las normas generales vigentes en la materia, el incumplimiento de las obligaciones genera la acción dirigida a exigir judicialmente su cumplimiento, bien de modo específico, esto es, imponiendo a través de la coacción lo que voluntariamente no se ha observado, o bien en virtud de la pertinente indemnización. Pero esta normal sanción del incumplimiento puede no resultar suficientemente eficaz en casos como los aquí considerados, y ello por diversas razones: una es la de que la inobservancia del deber trae repercusiones sumamente perturbadoras para grupos extensos de personas, al paso que dificulta el funcionamiento del régimen de propiedad horizontal; otra razón es la de que, en lo relativo a los deberes de disfrute, la imposición judicial del cumplimiento específico es prácticamente imposible por el carácter negativo de la obligación, y la indemnización no cubre la finalidad que se persigue de armonizar la convivencia. Por eso se prevé la posibilidad de la privación judicial del disfrute del piso o local cuando concurran circunstancias taxativamente señaladas, y por otra parte se asegura la contribución a los gastos comunes con una afectación real del piso o local al pago de este crédito considerado preferente.

La concurrencia de una colectividad de personas en la titularidad de derechos que, sin perjuicio de su sustancial individualización, recaen sobre fracciones de un mismo edificio y dan lugar a relaciones de interdependencia que afectan a los respectivos titulares, ha hecho indispensable en la práctica la creación de órganos de gestión y administración. La ley, que en todo momento se ha querido mostrar abierta a las enseñanzas de la experiencia, la ha tenido muy especialmente en cuenta en esta materia. Y fruto de ella, así como de la detenida ponderación de los diversos problemas, ha sido confiar normalmente el adecuado funcionamiento del régimen de propiedad horizontal a tres órganos: la Junta, el Presidente de la misma y el Administrador. La Junta, compuesta de todos los titulares, tiene los cometidos propios de un órgano rector colectivo, ha de reunirse preceptivamente una vez al año, y para la adopción de acuerdos válidos se requiere, por regla general, el voto favorable tanto de la mayoría numérica o personal cuanto de la económica, salvo cuando la trascendencia de la materia requiera la unanimidad, o bien cuando, por el contrario por la relativa importancia de aquélla, y para que la simple pasividad de los propietarios no entorpezca el funcionamiento de la institución, sea suficiente la simple mayoría de los asistentes. El cargo de Presidente, que ha de ser elegido del seno de la Junta, lleva implícita la representación de todos los titulares en juicio y fuera de él, con lo que se resuelve el delicado problema de legitimación que se ha venido produciendo. Y, finalmente, el Administrador, que ha de ser designado por la Junta y es amovible, sea o no miembro de ella, ha de actuar siempre en dependencia de la misma, sin perjuicio de cumplir en todo caso las obligaciones que directamente se le imponen.

Por otra parte se ha dado a esto una cierta flexibilidad para que el número de estas personas encargadas de la representación y gestión sea mayor o menor según la importancia y necesidad de la colectividad.

Por último, debe señalarse que la economía del sistema establecido tiene interesantes repercusiones en cuanto afecta al Registro de la Propiedad y exige una breve reforma en la legislación hipotecaria. Se ha partido, en un afán de claridad, de la conveniencia de agregar dos párrafos al artículo octavo de la vigente Ley Hipotecaria, el cuarto y el quinto, que sancionan, en principio, la posibilidad de la inscripción del edificio en su conjunto, sometido al régimen de propiedad horizontal, y al mismo tiempo la del piso o local como finca independiente, con folio registral propio.

El número cuarto del mencionado artículo octavo prevé la hipótesis normal de constitución del régimen de propiedad horizontal, es decir, la construcción de un edificio por un titular que lo destine precisamente a la enajenación de pisos, y el caso, menos frecuente, de que varios propietarios de un edificio traten de salir de la indivisión de mutuo acuerdo, o construyan un edificio con ánimo de distribuirlo, "ab initio", entre ellos mismos, transformándose en propietarios singulares de apartamento o fracciones independientes. A título excepcional, con el mismo propósito de simplificar los asientos, se permite inscribir a la vez la adjudicación concreta de los repetidos apartamentos a favor de sus respectivos titulares, siempre que así lo soliciten todos ellos.

Y el número quinto del mismo artículo octavo permite crear el folio autónomo e independiente de cada piso o local, siempre que consten previamente inscritos el inmueble y la constitución del régimen de propiedad horizontal.

En su virtud, y de conformidad con la propuesta elaborada por las Cortes Españolas,

DISPONGO:

CAPITULO I
Disposiciones generales

ART. 1.

La presente Ley tiene por objeto la regulación de la forma especial de propiedad establecida en el artículo 396 del Código Civil, que se denomina propiedad horizontal.

A efectos de esta Ley tendrán también la consideración de locales aquellas partes de un edificio que sean susceptibles de aprovechamiento independiente por tener salida a un elemento común de aquél o a la vía pública.

Modificado por Ley 8/1999, de 6 de abril, de Reforma de la Ley 49/1960, de 21 de julio, sobre Propiedad Horizontal (BOE de 08-04-1999).

Ver arts. 392 y ss. del Código Civil sobre copropiedad; arts. 17 (requisitos y quorum de los acuerdos comunitarios para modificar elementos comunes), 18 (impugnación de acuerdos contrarios a la Ley o a los Estatutos) y D.T. 2ª (derechos de tanteo y retracto en caso de venta) de esta norma.

En Cataluña, la regulación jurídica de la propiedad horizontal se contiene en el Libro V, artículo 553 del Código Civil de Cataluña. Última modificación aprobada por Ley 5/2015 de 13 de mayo, de modificación del libro quinto del Código Civil de Cataluña, relativo a derechos reales (DOGC 6875).

Para Navarra, véanse las Leyes 427, 432, 436 a 439 de su Compilación.

Ver art. 21 del Reglamento de Viviendas de Protección Oficial de 24-7-68 (Decreto 2114/1968), sobre elementos comunes en Viviendas de Protección Oficial.

Ver Ley 19/1983, de 16 de noviembre, sobre regulación del derecho a instalar en el exterior de los inmuebles las antenas de las estaciones radioeléctricas de aficionados, complementada por el RD 2623/1986, de 21 de noviembre, aprobando el Reglamento.

Ver RDL. 1/1998, de 27 de febrero, sobre infraestructuras comunes en los edificios para el acceso a los servicios de telecomunicación (instalación de antenas de televisión).

Ver Decreto 1306/1974, de 2 de mayo, por el que se regula la instalación en inmuebles de sistemas de distribución de la señal de televisión por cable, que regula la instalación de televisión por cable.

Ver RDL. 1/1998, de 27 de febrero, sobre infraestructuras comunes en los edificios para el acceso a los servicios de telecomunicaciones, y su reglamento de desarrollo (RD. 346/2011, de 11 de marzo).

*Ver Real Decreto 173/2010, de 19 de febrero, por el que se modifica el Código Técnico de la Edificación, apro-
bado por el Real Decreto 314/2006, de 17 de marzo, en materia de accesibilidad y no discriminación de las
personas con discapacidad.*

*Ver Real Decreto 1428/1986, de 13 de junio, por el que se establece la prohibición de instalación de los pararra-
yos radiactivos y la legalización o retirada de los existentes, complementado por el Real Decreto 903/1987, de
10 de julio, que lo modifica.*

ART. 2.

Esta Ley será de aplicación:

a) A las comunidades de propietarios constituidas con arreglo a lo dispuesto en el artículo 5.

b) A las comunidades que reúnan los requisitos establecidos en el artículo 396 del Código Civil y no hubiesen otorgado el título constitutivo de la propiedad horizontal.

Estas comunidades se regirán, en todo caso, por las disposiciones de esta Ley en lo relativo al régimen jurídico de la propiedad, de sus partes privativas y elementos comunes, así como en cuanto a los derechos y obligaciones recíprocas de los comuneros.

c) A los complejos inmobiliarios privados, en los términos establecidos en esta Ley.

d) A las subcomunidades, entendiendo por tales las que resultan cuando, de acuerdo con lo dispuesto en el título constitutivo, varios propietarios disponen, en régimen de comunidad, para su uso y disfrute exclusivo, de determinados elementos o servicios comunes dotados de unidad e independencia funcional o económica.

e) A las entidades urbanísticas de conservación en los casos en que así lo dispongan sus estatutos.

*Letras d) y e) añadidas por Ley 8/2013, de 26 de junio, de rehabilitación, regeneración y renovación urbanas.
(BOE de 27-06-2013).*

*Ver art. 5 de esta Ley; art. 24 (sobre complejos inmobiliarios privados); arts. 8 y 107 de la Ley Hipotecaria y art.
16 del Reglamento Hipotecario; art. 551-2 apdo. 2 del Código Civil de Cataluña.*

CAPITULO II
Del régimen de la propiedad por pisos o locales

*Rúbrica modificada por Ley 8/1999, de 6 de abril, de Reforma de la Ley 49/1960, de 21 de julio, sobre Propiedad
Horizontal (BOE de 08-04-1999).*

ART. 3.

En el régimen de propiedad establecido en el artículo 396 del Código Civil corresponde a cada piso o local:

a) El derecho singular y exclusivo de propiedad sobre un espacio suficientemente delimitado y susceptible de aprovechamiento independiente, con los elementos arquitectónicos e instalaciones de todas clases, aparentes o no, que estén comprendidos dentro de sus límites y sirvan exclusivamente al propietario, así como el de los anejos que expresamente hayan sido señalados en el título, aunque se hallen situados fuera del espacio delimitado.

b) La copropiedad, con los demás dueños de pisos o locales, de los restantes elementos, pertenencias y servicios comunes.

A cada piso o local se atribuirá una cuota de participación con relación al total del valor del inmueble y referida a centésimas del mismo. Dicha cuota servirá de módulo para determinar la participación en las cargas y beneficios por razón de la comunidad. Las mejoras o menoscabos de cada piso o local no alterarán la cuota atribuida, que sólo podrá variarse de acuerdo con lo establecido en los artículos 10 y 17 de esta Ley.

Cada propietario puede libremente disponer de su derecho, sin poder separar los elementos que lo integran y sin que la transmisión del disfrute afecte a las obligaciones derivadas de este régimen de propiedad.

*Modificado por Ley 8/2013, de 26 de junio, de rehabilitación, regeneración y renovación urbanas. (BOE de
27-06-2013).*

Ver art. 396 del Código Civil, sobre características de elementos privativos y comunes.

Ver arts. 5, 7, 9, 10, 14 y 17 de esta Ley.

Ver art. 8 de la Ley Hipotecaria y 16 del Reglamento Hipotecario.

*Ver arts. 553-1, 553-2, 553-3, 553-33, 553-34, 553-35, 553-41, 553-43, 553-52, 553-54 y 553-55 del Código Civil
de Cataluña.*

Propiedad
Horizontal

ART. 4.

La acción de división no procederá para hacer cesar la situación que regula esta ley. Sólo podrá ejercitarse por cada propietario proindiviso sobre un piso o local determinado, circunscrita al mismo, y siempre que la proindivisión no haya sido establecida de intento para el servicio o utilidad común de todos los propietarios.

Ver arts. 400 al 406 del CC relativos a la división de la cosa común; arts. 553-52.1 del Código Civil de Cataluña

ART. 5.

El título constitutivo de la propiedad por pisos o locales describirá, además del inmueble en su conjunto, cada uno de aquéllos al que se asignará número correlativo. La descripción del inmueble habrá de expresar las circunstancias exigidas en la legislación hipotecaria y los servicios e instalaciones con que cuente el mismo. La de cada piso o local expresará su extensión, linderos, planta en la que se hallare y los anejos, tales como garaje, buhardilla o sótano.

En el mismo título se fijará la cuota de participación que corresponde a cada piso o local, determinada por el propietario único del edificio al iniciar su venta por pisos, por acuerdo de todos los propietarios existentes, por laudo o por resolución judicial. Para su fijación se tomará como base la superficie útil de cada piso o local en relación con el total del inmueble, su emplazamiento interior o exterior, su situación y el uso que se presuma racionalmente que va a efectuarse de los servicios o elementos comunes.

El título podrá contener, además, reglas de constitución y ejercicio del derecho y disposiciones no prohibidas por la ley en orden al uso o destino del edificio, sus diferentes pisos o locales, instalaciones y servicios, gastos, administración y gobierno, seguros, conservación y reparaciones, formando un estatuto privativo que no perjudicará a terceros si no ha sido inscrito en el Registro de la Propiedad.

En cualquier modificación del título, y a salvo lo que se dispone sobre validez de acuerdos, se observarán los mismos requisitos que para la constitución.

Ver art. 396 del Código Civil; art. 3 de esta misma Ley, sobre la cuota de participación; art. 17 de esta Ley, sobre modificación del título; Disposiciones transitorias, sobre adaptación de Estatutos a la Ley; arts. 8.4 de la Ley Hipotecaria y 16 y 51 de su Reglamento; arts. 553-3,553-7, 553-8, 553-9,553-10, 553-11, 553-13,553-45, 553-52.3 y 553-57 del Código Civil de Cataluña.

ART. 6.

Para regular los detalles de la convivencia y la adecuada utilización de los servicios y cosas comunes, y dentro de los límites establecidos por la Ley y los estatutos, el conjunto de propietarios podrá fijar normas de régimen interior que obligarán también a todo titular mientras no sean modificadas en la forma prevista para tomar acuerdos sobre la administración.

Ver arts. 396, párrafo último y 1255 del CC; art. 17.7 de la LPH, sobre quórum del resto de acuerdos comunitarios; art. 553-12 del Código Civil de Cataluña.

ART. 7.

1. El propietario de cada piso o local podrá modificar los elementos arquitectónicos, instalaciones o servicios de aquél cuando no menoscabe o altere la seguridad del edificio, su estructura general, su configuración o estado exteriores, o perjudique los derechos de otro propietario, debiendo dar cuenta de tales obras previamente a quien represente a la comunidad.

En el resto del inmueble no podrá realizar alteración alguna y si advirtiere la necesidad de reparaciones urgentes deberá comunicarlo sin dilación al administrador.

2. Al propietario y al ocupante del piso o local no les está permitido desarrollar en él o en el resto del inmueble actividades prohibidas en los estatutos, que resulten dañosas para la finca o que contravengan las disposiciones generales sobre actividades molestas, insalubres, nocivas, peligrosas o ilícitas.

El presidente de la comunidad, a iniciativa propia o de cualquiera de los propietarios u ocupantes, requerirá a quien realice las actividades prohibidas por este apartado la inmediata cesación de las mismas, bajo apercibimiento de iniciar las acciones judiciales procedentes.

Si el infractor persistiere en su conducta el Presidente, previa autorización de la Junta de propietarios, debidamente convocada al efecto, podrá entablar contra él acción de cesación que, en lo no previsto expresamente por este artículo, se sustanciará a través del juicio ordinario.

Presentada la demanda, acompañada de la acreditación del requerimiento fehaciente al infractor y de la certificación del acuerdo adoptado por la Junta de propietarios, el juez podrá

Propiedad Horizontal

acordar con carácter cautelar la cesación inmediata de la actividad prohibida, bajo apercibimiento de incurrir en delito de desobediencia. Podrá adoptar asimismo cuantas medidas cautelares fueran precisas para asegurar la efectividad de la orden de cesación. La demanda habrá de dirigirse contra el propietario y, en su caso, contra el ocupante de la vivienda o local.

Si la sentencia fuese estimatoria podrá disponer, además de la cesación definitiva de la actividad prohibida y la indemnización de daños y perjuicios que proceda, la privación del derecho al uso de la vivienda o local por tiempo no superior a tres años, en función de la gravedad de la infracción y de los perjuicios ocasionados a la comunidad. Si el infractor no fuese el propietario, la sentencia podrá declarar extinguidos definitivamente todos sus derechos relativos a la vivienda o local, así como su inmediato lanzamiento.

3. El propietario de cada vivienda que quiera realizar el ejercicio de la actividad a que se refiere la letra e) del artículo 5 de la Ley 29/1994, de 24 de noviembre, de Arrendamientos Urbanos, en los términos establecidos en la normativa sectorial turística, deberá obtener previamente la aprobación expresa de la comunidad de propietarios, en los términos establecidos en el apartado 12 del artículo diecisiete de esta Ley.

El presidente de la comunidad, a iniciativa propia o de cualquiera de los propietarios u ocupantes, requerirá a quien realice la actividad del apartado anterior, sin que haya sido aprobada expresamente, la inmediata cesación de las mismas, bajo apercibimiento de iniciar las acciones judiciales procedentes, siendo de aplicación lo dispuesto en el apartado anterior.

Apdo. 3 añadido por Ley Orgánica 1/2025, de 2 de enero, de medidas en materia de eficiencia del Servicio Público de Justicia. (BOE 03-01-2025). Esta norma entró en vigor el 03-04-2025.

Apdo. 2, párrafo tercero modificado por Ley 1/2000, de 7 de enero, de Enjuiciamiento Civil. (BOE de 08-01-2000).

Ver art. 5 de esta Ley, sobre título constitutivo de la propiedad horizontal, que puede contener reglas estatutarias relativas al uso y disfrute de los pisos y locales, la posibilidad de su división o agrupación, la prohibición de determinados destinos, etc; art. 9, apartados a), b) y c) sobre obligaciones de los propietarios; art. 17.3º, sobre instalación de infraestructuras y sistemas de mejora de la eficiencia energética o hídrica del inmueble; arts. 553-36 y 553-40 Código Civil de Cataluña; Decreto 2414/1961, de 30 de noviembre, por el que se aprueba el Reglamento de Actividades Molestas, Insalubres, Nocivas y Peligrosas.

Sobre instalaciones, son de citar las siguientes normas:

– Ley 19/1983, de 16 de noviembre, sobre regulación del derecho a instalar en el exterior de los inmuebles antenas radioeléctricas de aficionados (BOE del 26) y su Reglamento aprobado por RD n.º 2623/1986, de 21 de noviembre (BOE de 30 de diciembre).

– Decreto 1306/1974, de 2 de mayo, por el que se regula la instalación en inmuebles de sistemas de distribución de la señal de televisión por cable. (BOE de 15 de mayo).

– Ley 9/2014, de 9 de mayo, General de Telecomunicaciones.

- Real Decreto-ley 1/1998, de 27 de febrero, sobre infraestructuras comunes en los edificios para el acceso a los servicios de telecomunicación.

- Ley 37/2003, de 17 de noviembre, del Ruido.

NORMATIVA AUTONÓMICA

ANDALUCÍA

Decreto 6/2012, de 17 de enero, por el que se aprueba el Reglamento de Protección contra la Contaminación Acústica en Andalucía.

CATALUÑA

Decreto de la Generalitat de Cataluña 136/1999 de 18 de mayo, aprobando el Reglamento de desarrollo de la Ley 3/1988, de 27 sobre intervención integral de la administración ambiental, que vino a sustituir en Cataluña el Reglamento de actividades molestas e insalubres de 1961, que quedó derogado en esta Comunidad Autónoma.

Decreto de la Generalitat de Cataluña 281/2003, de 4 de noviembre (DOGC del 20) de modificación del Decreto 148/2001, de 29 de mayo, de ordenación ambiental de las instalaciones de telefonía móvil y otras instalaciones de radiocomunicación.

GALICIA

Decreto 106/2015, de 9 de julio, sobre contaminación acústica de Galicia.

VALENCIA

Ley 7/2002, de la Presidencia de la Generalidad de Valencia, de 3 de diciembre, de protección contra la contaminación acústica (DOGV de 9 diciembre).

ART. 8.

(DEROGADO)

Derogado por Ley 8/2013, de 26 de junio, de rehabilitación, regeneración y renovación urbanas. (BOE de 27-06-2013).

Propiedad
Horizontal

ART. 9.

1. Son obligaciones de cada propietario:

a) Respetar las instalaciones generales de la comunidad y demás elementos comunes, ya sean de uso general o privativo de cualquiera de los propietarios, estén o no incluidos en su piso o local, haciendo un uso adecuado de los mismos y evitando en todo momento que se causen daños o desperfectos.

b) Mantener en buen estado de conservación su propio piso o local e instalaciones privativas, en términos que no perjudiquen a la comunidad o a los otros propietarios, resarciendo los daños que ocasione por su descuido o el de las personas por quienes deba responder.

c) Consentir en su vivienda o local las reparaciones que exija el servicio del inmueble y permitir en él las servidumbres imprescindibles requeridas para la realización de obras, actuaciones o la creación de servicios comunes llevadas a cabo o acordadas conforme a lo establecido en la presente Ley, teniendo derecho a que la comunidad le resarza de los daños y perjuicios ocasionados.

d) Permitir la entrada en su piso o local a los efectos prevenidos en los tres apartados anteriores.

e) Contribuir, con arreglo a la cuota de participación fijada en el título o a lo especialmente establecido, a los gastos generales para el adecuado sostenimiento del inmueble, sus servicios, cargas y responsabilidades que no sean susceptibles de individualización.

Los créditos a favor de la comunidad derivados de la obligación de contribuir al sostenimiento de los gastos generales correspondientes a las cuotas imputables a la parte vencida de la anualidad en curso y los tres años anteriores tienen la condición de preferentes a efectos del artículo 1.923 del Código Civil y preceden, para su satisfacción, a los citados en los números 3.°, 4.° y 5.° de dicho precepto, sin perjuicio de la preferencia establecida a favor de los créditos salariales en el texto refundido de la Ley del Estatuto de los Trabajadores, aprobado por el Real Decreto Legislativo 1/1995, de 24 de marzo.

El adquirente de una vivienda o local en régimen de propiedad horizontal, incluso con título inscrito en el Registro de la Propiedad, responde con el propio inmueble adquirido de las cantidades adeudadas a la comunidad de propietarios para el sostenimiento de los gastos generales por los anteriores titulares hasta el límite de los que resulten imputables a la parte vencida de la anualidad en la cual tenga lugar la adquisición y a los tres años naturales anteriores. El piso o local estará legalmente afecto al cumplimiento de esta obligación.

En el instrumento público mediante el que se transmita, por cualquier título, la vivienda o local el transmitente, deberá declarar hallarse al corriente en el pago de los gastos generales de la comunidad de propietarios o expresar los que adeude. El transmitente deberá aportar en este momento certificación sobre el estado de deudas con la comunidad coincidente con su declaración, sin la cual no podrá autorizarse el otorgamiento del documento público, salvo que fuese expresamente exonerado de esta obligación por el adquirente. La certificación será emitida en el plazo máximo de siete días naturales desde su solicitud por quien ejerza las funciones de secretario, con el visto bueno del presidente, quienes responderán, en caso de culpa o negligencia, de la exactitud de los datos consignados en la misma y de los perjuicios causados por el retraso en su emisión.

f) Contribuir, con arreglo a su respectiva cuota de participación, a la dotación del fondo de reserva que existirá en la comunidad de propietarios para atender las obras de conservación, de reparación y de rehabilitación de la finca, la realización de las obras de accesibilidad recogidas en el artículo diez.1.b) de esta ley, así como la realización de las obras de accesibilidad y eficiencia energética recogidas en el artículo diecisiete.2 de esta ley.

El fondo de reserva, cuya titularidad corresponde a todos los efectos a la comunidad, estará dotado con una cantidad que en ningún caso podrá ser inferior al 10 por ciento de su último presupuesto ordinario.

Con cargo al fondo de reserva la comunidad podrá suscribir un contrato de seguro que cubra los daños causados en la finca o bien concluir un contrato de mantenimiento permanente del inmueble y sus instalaciones generales.

g) Observar la diligencia debida en el uso del inmueble y en sus relaciones con los demás titulares y responder ante éstos de las infracciones cometidas y de los daños causados.

h) Comunicar a quien ejerza las funciones de secretario de la comunidad, por cualquier medio que permita tener constancia de su recepción, el domicilio en España a efectos de citaciones y notificaciones de toda índole relacionadas con la comunidad. En defecto de esta comunicación se tendrá por domicilio para citaciones y notificaciones el piso o local perteneciente a la comunidad, surtiendo plenos efectos jurídicos las entregadas al ocupante del mismo.

Si intentada una citación o notificación al propietario fuese imposible practicarla en el lugar prevenido en el párrafo anterior, se entenderá realizada mediante la colocación de la comunicación correspondiente en el tablón de anuncios de la comunidad, o en lugar visible de uso general habilitado al efecto, con diligencia expresiva de la fecha y motivos por los que se procede a esta forma de notificación, firmada por quien ejerza las funciones de secretario de la comunidad, con el visto bueno del presidente. La notificación practicada de esta forma producirá plenos efectos jurídicos en el plazo de tres días naturales.

i) Comunicar a quien ejerza las funciones de secretario de la comunidad, por cualquier medio que permita tener constancia de su recepción, el cambio de titularidad de la vivienda o local.

Quien incumpliere esta obligación seguirá respondiendo de las deudas con la comunidad devengadas con posterioridad a la transmisión de forma solidaria con el nuevo titular, sin perjuicio del derecho de aquél a repetir sobre éste.

Lo dispuesto en el párrafo anterior no será de aplicación cuando cualquiera de los órganos de gobierno establecidos en el artículo 13 haya tenido conocimiento del cambio de titularidad de la vivienda o local por cualquier otro medio o por actos concluyentes del nuevo propietario, o bien cuando dicha transmisión resulte notoria.

2. Para la aplicación de las reglas del apartado anterior se reputarán generales los gastos que no sean imputables a uno o varios pisos o locales, sin que la no utilización de un servicio exima del cumplimiento de las obligaciones correspondientes, sin perjuicio de lo establecido en el artículo 17.4.

Apdo. 1.f) modificado por Ley 10/2022, de 14 de junio, de medidas urgentes para impulsar la actividad de rehabilitación edificatoria en el contexto del Plan de Recuperación, Transformación y Resiliencia. (BOE de 15-06-2022).

Ver art. 18.2 de la Constitución sobre la inviolabilidad del domicilio; arts. 10, 13, 14, 15.2, 16.2, 17, 20 b), 21 y 22 de esta Ley, sobre reclamación de gastos a propietarios; arts. 396, 1484 y ss. del Código Civil; arts. 1907 y 1908 del Código Civil sobre responsabilidad del propietario; arts. 1563 y 1564 del Código Civil sobre la responsabilidad del arrendatario; art. 1568 del Código Civil sobre los derechos del arrendatario por obras; arts. 1923 y 1927 del Código Civil sobre clasificación y prelación de créditos y 168 y 194 de la Ley Hipotecaria respecto a la hipoteca legal; arts. 553-3-1, 553-4.2, 553-5, 553-6, 553-37, 553-38, 553-39, 553-42, 553-44, 553-45 del Código Civil de Cataluña; art. 20, 21 y 26 de la LAU sobre gastos y obras; D.A. de la LPH sobre la constitución del fondo de reserva; arts. 530 y ss. del Código Civil, sobre servidumbres.

ART. 10.

1. Tendrán carácter obligatorio y no requerirán de acuerdo previo de la Junta de propietarios, impliquen o no modificación del título constitutivo o de los estatutos, y vengan impuestas por las Administraciones Públicas o solicitadas a instancia de los propietarios, las siguientes actuaciones:

a) Los trabajos y las obras que resulten necesarias para el adecuado mantenimiento y cumplimiento del deber de conservación del inmueble y de sus servicios e instalaciones comunes, incluyendo en todo caso, las necesarias para satisfacer los requisitos básicos de seguridad, habitabilidad y accesibilidad universal, así como las condiciones de ornato y cualesquiera otras derivadas de la imposición, por parte de la Administración, del deber legal de conservación.

b) Las obras y actuaciones que resulten necesarias para garantizar los ajustes razonables en materia de accesibilidad universal y, en todo caso, las requeridas a instancia de los propietarios en cuya vivienda o local vivan, trabajen o presten servicios voluntarios, personas con discapacidad, o mayores de setenta años, con el objeto de asegurarles un uso adecuado a sus necesidades de los elementos comunes, así como la instalación de rampas, ascensores u otros dispositivos mecánicos y electrónicos que favorezcan la orientación o su comunicación con el exterior, siempre que el importe repercutido anualmente de las mismas, una vez descontadas las subvenciones o ayudas públicas, no exceda de doce mensualidades ordinarias de gastos comunes. No eliminará el carácter obligatorio de estas obras el hecho de que el resto de su coste, más allá de las citadas mensualidades, sea asumido por quienes las hayan requerido.

También será obligatorio realizar estas obras cuando las ayudas públicas a las que la comunidad pueda tener acceso alcancen el 75% del importe de las mismas.

c) La ocupación de elementos comunes del edificio o del complejo inmobiliario privado durante el tiempo que duren las obras a las que se refieren las letras anteriores.

d) La construcción de nuevas plantas y cualquier otra alteración de la estructura o fábrica del edificio o de las cosas comunes, así como la constitución de un complejo inmobiliario, tal y como prevé el artículo 17.4 del texto refundido de la Ley de Suelo, aprobado por el Real Decreto Legislativo 2/2008, de 20 de junio, que resulten preceptivos a consecuencia de la inclusión del inmueble en un ámbito de actuación de rehabilitación o de regeneración y renovación urbana.

e) Los actos de división material de pisos o locales y sus anejos para formar otros más reducidos e independientes, el aumento de su superficie por agregación de otros colindantes del mismo edificio, o su disminución por segregación de alguna parte, realizados por voluntad y a instancia de sus propietarios, cuando tales actuaciones sean posibles a consecuencia de la inclusión del inmueble en un ámbito de actuación de rehabilitación o de regeneración y renovación urbanas.

2. Teniendo en cuenta el carácter de necesarias u obligatorias de las actuaciones referidas en las letras a) a d) del apartado anterior, procederá lo siguiente:

a) Serán costeadas por los propietarios de la correspondiente comunidad o agrupación de comunidades, limitándose el acuerdo de la Junta a la distribución de la derrama pertinente y a la determinación de los términos de su abono.

b) Los propietarios que se opongan o demoren injustificadamente la ejecución de las órdenes dictadas por la autoridad competente responderán individualmente de las sanciones que puedan imponerse en vía administrativa.

c) Los pisos o locales quedarán afectos al pago de los gastos derivados de la realización de dichas obras o actuaciones en los mismos términos y condiciones que los establecidos en el artículo 9 para los gastos generales.

3. Estarán sujetas al régimen de autorización administrativa que corresponda:

a) La constitución y modificación del complejo inmobiliario a que se refiere el artículo 26.6 del texto refundido de la Ley de Suelo y Rehabilitación Urbana, aprobado por el Real Decreto Legislativo 7/2015, de 30 de octubre, en sus mismos términos.

b) Cuando así se haya solicitado, y de acuerdo con el régimen establecido en la legislación de ordenación territorial y urbanística, previa aprobación por la mayoría de propietarios que en cada caso proceda de acuerdo con esta Ley, la división material de los pisos o locales y sus anejos, para formar otros más reducidos e independientes, el aumento de su superficie por agregación de otros colindantes del mismo edificio o su disminución por segregación de alguna parte, la construcción de nuevas plantas y cualquier otra alteración de la estructura o fábrica del edificio, incluyendo el cerramiento de las terrazas y la modificación de la envolvente para mejorar la eficiencia energética, o de las cosas comunes.

En estos supuestos deberá constar el consentimiento de los titulares afectados y corresponderá a la Junta de Propietarios, de común acuerdo con aquéllos, y según la mayoría de los propietarios que en cada caso proceda de acuerdo con esta Ley, la determinación de la indemnización por daños y perjuicios que corresponda. La fijación de las nuevas cuotas de participación, así como la determinación de la naturaleza de las obras que se vayan a realizar, en caso de discrepancia sobre las mismas, requerirá la adopción del oportuno acuerdo de la Junta de Propietarios, por idéntica mayoría. A este respecto también podrán los interesados solicitar arbitraje o dictamen técnico en los términos establecidos en la Ley.

> *Apdo. 3 modificado por Real Decreto-ley 8/2023, de 27 de diciembre, por el que se adoptan medidas para afrontar las consecuencias económicas y sociales derivadas de los conflictos en Ucrania y Oriente Próximo, así como para paliar los efectos de la sequía. (BOE de 28-12-2023).*

> *Apdo. 1.b) modificado por Real Decreto-ley 7/2019, de 1 de marzo, de medidas urgentes en materia de vivienda y alquiler. (BOE de 05-03-2019).*

> *Ver arts. 9, 14 c), 20 c), y 23.1 de esta Ley; art. 553-25, 553-26, 553-38 y 553-44 del Código Civil de Cataluña; arts. 4, 5, 6, y 7 de la Ley 8/2013, de 26 de junio, de rehabilitación, regeneración y renovación urbanas; art. 4 del Real Decreto 1/2013, de 29 de noviembre, por el que se aprueba el Texto Refundido de la Ley General de derechos de las personas con discapacidad y su inclusión social, respecto a la calificación de "discapacitado"; Real Decreto Legislativo 7/2015, de 30 de octubre, por el que se aprueba el texto refundido de la Ley de Suelo y Rehabilitación Urbana; Reglamento de Disciplina Urbanística aprobado por Real Decreto 2187/1978, de 23 de julio; Decreto (Cataluña) 141/2012, de 30 de octubre, por el que se regulan las condiciones mínimas de habitabilidad de las viviendas y la cédula de habitabilidad*

ART. 11.
(DEROGADO)

> *Derogado por Ley 8/2013, de 26 de junio, de rehabilitación, regeneración y renovación urbanas. (BOE de 27-06-2013).*

ART. 12.
(DEROGADO)

> *Derogado por Ley 8/2013, de 26 de junio, de rehabilitación, regeneración y renovación urbanas. (BOE de 27-06-2013).*

ART. 13.

1. Los órganos de gobierno de la comunidad son los siguientes:
a) La Junta de propietarios.
b) El presidente y, en su caso, los vicepresidentes.
c) El secretario.
d) El administrador.

En los estatutos, o por acuerdo mayoritario de la Junta de propietarios, podrán establecerse otros órganos de gobierno de la comunidad, sin que ello pueda suponer menoscabo alguno de las funciones y responsabilidades frente a terceros que esta Ley atribuye a los anteriores.

2. El presidente será nombrado, entre los propietarios, mediante elección o, subsidiariamente, mediante turno rotatorio o sorteo. El nombramiento será obligatorio, si bien el propietario designado podrá solicitar su relevo al juez dentro del mes siguiente a su acceso al cargo, invocando las razones que le asistan para ello. El juez, a través del procedimiento establecido en el artículo 17.7.ª, resolverá de plano lo procedente, designando en la misma resolución al propietario que hubiera de sustituir, en su caso, al presidente en el cargo hasta que se proceda a nueva designación en el plazo que se determine en la resolución judicial.

Igualmente podrá acudirse al juez cuando, por cualquier causa, fuese imposible para la Junta designar presidente de la comunidad.

3. El presidente ostentará legalmente la representación de la comunidad, en juicio y fuera de él, en todos los asuntos que la afecten.

4. La existencia de vicepresidentes será facultativa. Su nombramiento se realizará por el mismo procedimiento que el establecido para la designación del presidente.

Corresponde al vicepresidente, o a los vicepresidentes por su orden, sustituir al presidente en los casos de ausencia, vacante o imposibilidad de éste, así como asistirlo en el ejercicio de sus funciones en los términos que establezca la Junta de propietarios.

5. Las funciones del secretario y del administrador serán ejercidas por el presidente de la comunidad, salvo que los estatutos o la Junta de propietarios por acuerdo mayoritario, dispongan la provisión de dichos cargos separadamente de la presidencia.

6. Los cargos de secretario y administrador podrán acumularse en una misma persona o bien nombrarse independientemente.

El cargo de administrador y, en su caso, el de secretario-administrador podrá ser ejercido por cualquier propietario, así como por personas físicas con cualificación profesional suficiente y legalmente reconocida para ejercer dichas funciones. También podrá recaer en corporaciones y otras personas jurídicas en los términos establecidos en el ordenamiento jurídico.

7. Salvo que los estatutos de la comunidad dispongan lo contrario, el nombramiento de los órganos de gobierno se hará por el plazo de un año.

Los designados podrán ser removidos de su cargo antes de la expiración del mandato por acuerdo de la Junta de propietarios, convocada en sesión extraordinaria.

8. Cuando el número de propietarios de viviendas o locales en un edificio no exceda de cuatro podrán acogerse al régimen de administración del artículo 398 del Código Civil, si expresamente lo establecen los estatutos.

Apdo. 2 modificado por Ley 42/2015, de 5 de octubre, de reforma de la Ley 1/2000, de 7 de enero, de Enjuiciamiento Civil. (BOE de 06-10-2015).

Ver art. 14, sobre funciones y cometido de la Junta de Propietarios; arts. 15 y 16 sobre funcionamiento de las Juntas; art. 17, sobre acuerdos de la Junta y 18 sobre su impugnación; art. 20 sobre funciones del Administrador; art. 398 del Código Civil; arts. 553-15, 553-16, 553-17, 553-18, y 553-19 del Código Civil de Cataluña.

ART. 14.

Corresponde a la Junta de propietarios:
a) Nombrar y remover a las personas que ejerzan los cargos mencionados en el artículo anterior y resolver las reclamaciones que los titulares de los pisos o locales formulen contra la actuación de aquéllos.
b) Aprobar el plan de gastos e ingresos previsibles y las cuentas correspondientes.
c) Aprobar los presupuestos y la ejecución de todas las obras de reparación de la finca, sean ordinarias o extraordinarias, y ser informada de las medidas urgentes adoptadas por el administrador de conformidad con lo dispuesto en el artículo 20.c).

Propiedad
Horizontal

d) Aprobar o reformar los estatutos y determinar las normas de régimen interior.

e) Conocer y decidir en los demás asuntos de interés general para la comunidad, acordando las medidas necesarias o convenientes para el mejor servicio común.

Modificado por Ley 8/1999, de 6 de abril, de Reforma de la Ley 49/1960, de 21 de julio, sobre Propiedad Horizontal (BOE de 08-04-1999).

Ver arts. 15, 16, 17 y 18 de esta Ley, sobre celebración y acuerdos de las Juntas; art. 20 sobre funciones del administrador; art. 553-19 del Código Civil de Cataluña.

ART. 15.

1. La asistencia a la Junta de propietarios será personal o por representación legal o voluntaria, bastando para acreditar ésta un escrito firmado por el propietario.

Si algún piso o local perteneciese "pro indiviso" a diferentes propietarios éstos nombrarán un representante para asistir y votar en las juntas.

Si la vivienda o local se hallare en usufructo, la asistencia y el voto corresponderá al nudo propietario, quien, salvo manifestación en contrario, se entenderá representado por el usufructuario, debiendo ser expresa la delegación cuando se trate de los acuerdos a que se refiere la regla primera del artículo 17 o de obras extraordinarias y de mejora.

2. Los propietarios que en el momento de iniciarse la junta no se encontrasen al corriente en el pago de todas las deudas vencidas con la comunidad y no hubiesen impugnado judicialmente las mismas o procedido a la consignación judicial o notarial de la suma adeudada, podrán participar en sus deliberaciones si bien no tendrán derecho de voto. El acta de la Junta reflejará los propietarios privados del derecho de voto, cuya persona y cuota de participación en la comunidad no será computada a efectos de alcanzar las mayorías exigidas en esta Ley.

Modificado por Ley 8/1999, de 6 de abril, de Reforma de la Ley 49/1960, de 21 de julio, sobre Propiedad Horizontal (BOE de 08-04-1999).

Ver arts. 16, 17, 18 y 19 de esta Ley; art. 480 y ss. del Código Civil; arts. 553-22, 553-24 y 553-27 del Código Civil de Cataluña.

ART. 16.

1. La Junta de propietarios se reunirá por lo menos una vez al año para aprobar los presupuestos y cuentas y en las demás ocasiones que lo considere conveniente el presidente o lo pidan la cuarta parte de los propietarios, o un número de éstos que representen al menos el 25 por 100 de las cuotas de participación.

2. La convocatoria de las Juntas la hará el presidente y, en su defecto, los promotores de la reunión, con indicación de los asuntos a tratar, el lugar, día y hora en que se celebrará en primera o, en su caso, en segunda convocatoria, practicándose las citaciones en la forma establecida en el artículo 9. La convocatoria contendrá una relación de los propietarios que no estén al corriente en el pago de las deudas vencidas a la comunidad y advertirá de la privación del derecho de voto si se dan los supuestos previstos en el artículo 15.2.

Cualquier propietario podrá pedir que la Junta de propietarios estudie y se pronuncie sobre cualquier tema de interés para la comunidad; a tal efecto dirigirá escrito, en el que especifique claramente los asuntos que pide sean tratados, al presidente, el cual los incluirá en el orden del día de la siguiente Junta que se celebre.

Si a la reunión de la Junta no concurriesen, en primera convocatoria, la mayoría de los propietarios que representen, a su vez, la mayoría de las cuotas de participación se procederá a una segunda convocatoria de la misma, esta vez sin sujeción a "quórum".

La Junta se reunirá en segunda convocatoria en el lugar, día y hora indicados en la primera citación, pudiendo celebrarse el mismo día si hubiese transcurrido media hora desde la anterior. En su defecto, será nuevamente convocada, conforme a los requisitos establecidos en este artículo, dentro de los ocho días naturales siguientes a la Junta no celebrada, cursándose en este caso las citaciones con una antelación mínima de tres días.

3. La citación para la Junta ordinaria anual se hará, cuando menos, con seis días de antelación, y para las extraordinarias, con la que sea posible para que pueda llegar a conocimiento de todos los interesados. La Junta podrá reunirse válidamente aun sin la convocatoria del presidente, siempre que concurran la totalidad de los propietarios y así lo decidan.

Modificado por Ley 8/1999, de 6 de abril, de Reforma de la Ley 49/1960, de 21 de julio, sobre Propiedad Horizontal (BOE de 08-04-1999).

Ver art. 9 h) de esta Ley, acerca de citaciones y notificaciones; arts. 15, 17, 18 y 19 de esta Ley; arts. 553-20, 553-21 y 553-23 del Código Civil de Cataluña.

Propiedad Horizontal

ART. 17.

Los acuerdos de la Junta de propietarios se sujetarán a las siguientes reglas:

1. La instalación de las infraestructuras comunes para el acceso a los servicios de tele-comunicación regulados en el Real Decreto-ley 1/1998, de 27 de febrero, sobre infraes-tructuras comunes en los edificios para el acceso a los servicios de telecomunicación, o la adaptación de los existentes, así como la instalación de sistemas comunes o privativos, de aprovechamiento de energías renovables, o bien de las infraestructuras necesarias para acceder a nuevos suministros energéticos colectivos, podrá ser acordada, a petición de cualquier propietario, por un tercio de los integrantes de la comunidad que representen, a su vez, un tercio de las cuotas de participación.

La comunidad no podrá repercutir el coste de la instalación o adaptación de dichas infraestructuras comunes, ni los derivados de su conservación y mantenimiento posterior, sobre aquellos propietarios que no hubieren votado expresamente en la Junta a favor del acuerdo. No obstante, si con posterioridad solicitasen el acceso a los servicios de teleco-municaciones o a los suministros energéticos, y ello requiera aprovechar las nuevas infraes-tructuras o las adaptaciones realizadas en las preexistentes, podrá autorizárseles siempre que abonen el importe que les hubiera correspondido, debidamente actualizado, aplicando el correspondiente interés legal.

No obstante lo dispuesto en el párrafo anterior respecto a los gastos de conservación y mantenimiento, la nueva infraestructura instalada tendrá la consideración, a los efectos establecidos en esta Ley, de elemento común.

2. Sin perjuicio de lo establecido en el artículo 10.1.b), la realización de obras o el esta-blecimiento de nuevos servicios comunes que tengan por finalidad la supresión de barreras arquitectónicas que dificulten el acceso o movilidad de personas con discapacidad y, en todo caso, el establecimiento de los servicios de ascensor, incluso cuando impliquen la modifica-ción del título constitutivo, o de los estatutos, requerirá el voto favorable de la mayoría de los propietarios, que, a su vez, representen la mayoría de las cuotas de participación.

Cuando se adopten válidamente acuerdos para la realización de obras de accesibilidad, la comunidad quedará obligada al pago de los gastos, aun cuando su importe repercutido anualmente exceda de doce mensualidades ordinarias de gastos comunes.
La realización de obras o actuaciones que contribuyan a la mejora de la eficiencia energé-tica acreditables a través de certificado de eficiencia energética del edificio o la implanta-ción de fuentes de energía renovable de uso común, incluyendo en su caso la modificación de la envolvente del edificio, así como la solicitud de ayudas y subvenciones, préstamos o cualquier tipo de financiación por parte de la comunidad de propietarios a entidades públi-cas o privadas para la realización de tales obras o actuaciones, requerirá el voto favorable de la mayoría simple de los propietarios, que, a su vez, representen la mayoría simple de las cuotas de participación, siempre que su importe repercutido anualmente, una vez descon-tadas las subvenciones o ayudas públicas y aplicada en su caso la financiación, no supere la cuantía de doce mensualidades ordinarias de gastos comunes. El propietario disidente no tendrá el derecho reconocido en el apartado 4 de este artículo y el coste de estas obras, o las cantidades necesarias para sufragar los préstamos o financiación concedida para tal fin, tendrán la consideración de gastos generales a los efectos de la aplicación de las reglas establecidas en la letra e) del artículo noveno.1 de esta ley.

3. El establecimiento o supresión de los servicios de portería, conserjería, vigilancia u otros servicios comunes de interés general, supongan o no modificación del título constitu-tivo o de los estatutos, requerirán el voto favorable de las tres quintas partes del total de los propietarios que, a su vez, representen las tres quintas partes de las cuotas de participación.

Idéntico régimen se aplicará al arrendamiento de elementos comunes que no tengan asignado un uso específico en el inmueble y el establecimiento o supresión de equipos o sistemas, no recogidos en el apartado 1, que tengan por finalidad mejorar la eficiencia ener-gética o hídrica del inmueble. En éste último caso, los acuerdos válidamente adoptados con arreglo a esta norma obligan a todos los propietarios. No obstante, si los equipos o sistemas tienen un aprovechamiento privativo, para la adopción del acuerdo bastará el voto favorable de un tercio de los integrantes de la comunidad que representen, a su vez, un tercio de las cuotas de participación, aplicándose, en este caso, el sistema de repercusión de costes establecido en dicho apartado.

4. Ningún propietario podrá exigir nuevas instalaciones, servicios o mejoras no requeri-dos para la adecuada conservación, habitabilidad, seguridad y accesibilidad del inmueble, según su naturaleza y características.

No obstante, cuando por el voto favorable de las tres quintas partes del total de los propietarios que, a su vez, representen las tres quintas partes de las cuotas de participación, se adopten válidamente acuerdos, para realizar innovaciones, nuevas instalaciones, servicios o mejoras no requeridos para la adecuada conservación, habitabilidad, seguridad y accesibilidad del inmueble, no exigibles y cuya cuota de instalación exceda del importe de tres mensualidades ordinarias de gastos comunes, el disidente no resultará obligado, ni se modificará su cuota, incluso en el caso de que no pueda privársele de la mejora o ventaja. Si el disidente desea, en cualquier tiempo, participar de las ventajas de la innovación, habrá de abonar su cuota en los gastos de realización y mantenimiento, debidamente actualizados mediante la aplicación del correspondiente interés legal.

Sin perjuicio de lo dispuesto en los apartados anteriores, estarán sujetas al voto favorable de las tres quintas partes del total de los propietarios que, a su vez, representen las tres quintas partes de las cuotas de participación, la división material de los pisos o locales y sus anejos, para formar otros más reducidos e independientes; el aumento de su superficie por agregación de otros colindantes del mismo edificio o su disminución por segregación de alguna parte; la construcción de nuevas plantas y cualquier otra alteración de la estructura o fábrica del edificio, incluyendo el cerramiento de las terrazas o la modificación de las cosas comunes.

No podrán realizarse innovaciones que hagan inservible alguna parte del edificio para el uso y disfrute de un propietario, si no consta su consentimiento expreso.

5. La instalación de un punto de recarga de vehículos eléctricos para uso privado en el aparcamiento del edificio, siempre que éste se ubique en una plaza individual de garaje, sólo requerirá la comunicación previa a la comunidad. El coste de dicha instalación y el consumo de electricidad correspondiente serán asumidos íntegramente por el o los interesados directos en la misma.

6. Los acuerdos no regulados expresamente en este artículo, que impliquen la aprobación o modificación de las reglas contenidas en el título constitutivo de la propiedad horizontal o en los estatutos de la comunidad, requerirán para su validez la unanimidad del total de los propietarios que, a su vez, representen el total de las cuotas de participación.

7. Para la validez de los demás acuerdos bastará el voto de la mayoría del total de los propietarios que, a su vez, representen la mayoría de las cuotas de participación. En segunda convocatoria serán válidos los acuerdos adoptados por la mayoría de los asistentes, siempre que ésta represente, a su vez, más de la mitad del valor de las cuotas de los presentes.

Cuando la mayoría no se pudiere lograr por los procedimientos establecidos en los apartados anteriores, el Juez, a instancia de parte deducida en el mes siguiente a la fecha de la segunda Junta, y oyendo en comparecencia los contradictores previamente citados, resolverá en equidad lo que proceda dentro de veinte días, contados desde la petición, haciendo pronunciamiento sobre el pago de costas.

8. Salvo en los supuestos expresamente previstos en los que no se pueda repercutir el coste de los servicios a aquellos propietarios que no hubieren votado expresamente en la Junta a favor del acuerdo, o en los casos en los que la modificación o reforma se haga para aprovechamiento privativo, se computarán como votos favorables los de aquellos propietarios ausentes de la Junta, debidamente citados, quienes una vez informados del acuerdo adoptado por los presentes, conforme al procedimiento establecido en el artículo 9, no manifiesten su discrepancia mediante comunicación a quien ejerza las funciones de secretario de la comunidad en el plazo de 30 días naturales, por cualquier medio que permita tener constancia de la recepción.

9. Los acuerdos válidamente adoptados con arreglo a lo dispuesto en este artículo obligan a todos los propietarios.

10. En caso de discrepancia sobre la naturaleza de las obras a realizar resolverá lo procedente la Junta de propietarios. También podrán los interesados solicitar arbitraje o dictamen técnico en los términos establecidos en la Ley.

11. Las derramas para el pago de mejoras realizadas o por realizar en el inmueble serán a cargo de quien sea propietario en el momento de la exigibilidad de las cantidades afectas al pago de dichas mejoras.

12. El acuerdo **expreso** por el que se apruebe, limite, condicione o prohíba el ejercicio de la actividad a que se refiere la letra e) del artículo 5 de la Ley 29/1994, de 24 de noviembre, de Arrendamientos Urbanos, en los términos establecidos en la normativa sectorial turística, suponga o no modificación del título constitutivo o de los estatutos, requerirá el voto favorable de las tres quintas partes del total de los propietarios que, a su vez, representen las tres quintas partes de las cuotas de participación. Asimismo, esta misma mayoría se requerirá para el acuerdo por el que se establezcan cuotas especiales de gastos o un incremento en la participación de los gastos comunes de la vivienda donde se realice dicha actividad, siempre que estas modificaciones no supongan un incremento superior al 20 %. Estos acuerdos no tendrán efectos retroactivos.

Se deja sin efecto la modificación operada en el apdo. 1 por el Decreto-ley 7/2025, de 24 de junio, por Resolución de 22 de julio de 2025, del Congreso de los Diputados, por la que se ordena la publicación del Acuerdo de derogación del Real Decreto-ley 7/2025, de 24 de junio, por el que se aprueban medidas urgentes para el refuerzo del sistema eléctrico (BOE 24-07-25). Por tanto, se aplica la regulación previa a dicha modificación, que es la que se recoge en este texto.

Apdo. 1 modificado por Real Decreto-ley 7/2025, de 24 de junio, por el que se aprueban medidas urgentes para el refuerzo del sistema eléctrico (BOE 25-06-2025).

Apdo. 12 modificado por Ley Orgánica 1/2025, de 2 de enero, de medidas en materia de eficiencia del Servicio Público de Justicia. (BOE 03-01-2025). Esta modificación entró en vigor el 03-04-2025.

Apdos. 2 y 4 se modifican por Real Decreto-ley 8/2023, de 27 de diciembre, por el que se adoptan medidas para afrontar las consecuencias económicas y sociales derivadas de los conflictos en Ucrania y Oriente Próximo, así como para paliar los efectos de la sequía. (BOE de 28-12-2023).

Apdo. 2 se modifica por Ley 10/2022, de 14 de junio, de medidas urgentes para impulsar la actividad de rehabilitación edificatoria en el contexto del Plan de Recuperación, Transformación y Resiliencia. (BOE de 15-06-2022). Anteriormente se había modificado por Real Decreto-ley 19/2021, de 5 de octubre, de medidas urgentes para impulsar la actividad de rehabilitación edificatoria en el contexto del Plan de Recuperación, Transformación y Resiliencia. (BOE de 06/10/2021).

Apdo. 12 se añade por Real Decreto-ley 7/2019, de 1 de marzo, de medidas urgentes en materia de vivienda y alquiler. (BOE de 05-03-2019).

Ver art. 10, sobre alteración del título constitutivo, división y agregación de pisos y locales, construcción de nuevas plantas; art. 7.2, sobre autorización de la Junta para ejercicio o acción de cesación; art. 9 h), acerca de domicilio y forma de llevar a cabo las citaciones y notificaciones; art. 15 sobre asistencia a Juntas y privación de derecho a voto; art. 16, sobre convocatoria a Juntas; art. 18, sobre impugnación de acuerdos; art. 19, sobre documentación de acuerdos; arts. 553-25, 553-26, 553-30, y 553-44 del Código Civil de Cataluña; Real Decreto-ley 1/1998, de 27 de febrero, sobre instalación de infraestructuras comunes para el acceso a los servicios de Telecomunicación; Real Decreto 346/2011, de 11 de marzo, por el que se aprueba el Reglamento regulador de las infraestructuras comunes de telecomunicaciones para el acceso a los servicios de telecomunicación en el interior de las edificaciones; Ley 15/1995, de 30 de mayo, sobre límites del dominio sobre inmuebles para eliminar barreras arquitectónicas a las personas con discapacidad; Ley 51/2003, de 2 de diciembre, de igualdad de oportunidades, no discriminación y accesibilidad de las personas con discapacidad.

LEGISLACIÓN AUTONÓMICA SOBRE SUPRESIÓN DE BARRERAS ARQUITECTÓNICAS

ANDALUCÍA:

Ley 4/2017, de 25 de septiembre, de los Derechos y la Atención a las Personas con Discapacidad en Andalucía.

ARAGÓN

Ley 5/2019, de 21 de marzo, de derechos y garantías de las personas con discapacidad en Aragón.

ASTURIAS

Ley 5/1995, de 6 de abril, de promoción de la accesibilidad y supresión de barreras.

Decreto 37/2003, de 22 de mayo por el que se aprueba el Reglamento de la Ley 5/1995, en los ámbitos urbanístico y arquitectónico.

BALEARES

Ley 8/2017, de 3 de agosto, de accesibilidad universal de las Illes Balears.

CANARIAS

Ley 8/1995, de 6 de abril, de accesibilidad y supresión de barreras físicas y de la comunicación.

CANTABRIA

Ley 9/2018, de 21 de diciembre, de Garantía de los Derechos de las Personas con Discapacidad.

CASTILLA-LA MANCHA

Ley 1/1994, de 24 de mayo, de accesibilidad y eliminación de barreras de la Comunidad Autónoma de Castilla-La Mancha.

CATALUÑA

Ley 13/2014, de 30 de octubre, de accesibilidad.

Ley 18/2007, de 28 de diciembre, del derecho a la vivienda.

Decreto 135/1995, de 24 de marzo, de desarrollo de la Ley 20/1991, de 25 de noviembre, de promoción de la accesibilidad y de supresión de barreras arquitectónicas y de aprobación del Código de accesibilidad.

COMUNIDAD VALENCIANA

Ley 1/1998, de 5 de mayo, de Accesibilidad y Supresión de Barreras Arquitectónicas, Urbanísticas y de la Comunicación.

GALICIA

Ley 10/2014, de 3 de diciembre, de accesibilidad.

MADRID

Ley 8/1993, de 22 de junio, de Promoción de la Accesibilidad y Supresión de Barreras Arquitectónicas de la Comunidad de Madrid.

Decreto 153/1997, de 13 de noviembre, por el que se establece el Régimen Jurídico del Fondo para la Supresión de Barreras y Promoción de la Accesibilidad.

Decreto 138/1998, de 23 de julio, por el que se modifican determinadas especificaciones técnicas de la Ley 8/1993, de 22 de junio, de Promoción de la Accesibilidad y Supresión de Barreras Arquitectónicas.

Decreto 141/1998, de 30 de julio, del Consejo de Gobierno, por el que se regulan las ayudas públicas destinadas a la eliminación de barreras y a la promoción de ayudas técnicas

LA RIOJA

Ley 1/2023, de 31 de enero, de accesibilidad universal de La Rioja.

MURCIA

Ley 4/2017, de 27 de junio, de accesibilidad universal de la Región de Murcia

NAVARRA

Ley Foral 12/2018, de 14 de junio, de Accesibilidad Universal.

Decreto foral 154/1989, de 29 de junio, por el que se aprueba el reglamento para el desarrollo y aplicación de la derogada ley Foral 4/1988, de 11 de julio, sobre barreras físicas y sensoriales.

PAÍS VASCO

Ley 20/1997, de 4 de diciembre, para la promoción de la accesibilidad.

ART. 18.

1. Los acuerdos de la Junta de Propietarios serán impugnables ante los tribunales de conformidad con lo establecido en la legislación procesal general, en los siguientes supuestos:

a) Cuando sean contrarios a la ley o a los estatutos de la comunidad de propietarios.

b) Cuando resulten gravemente lesivos para los intereses de la propia comunidad en beneficio de uno o varios propietarios.

c) Cuando supongan un grave perjuicio para algún propietario que no tenga obligación jurídica de soportarlo o se hayan adoptado con abuso de derecho.

2. Estarán legitimados para la impugnación de estos acuerdos los propietarios que hubiesen salvado su voto en la Junta, los ausentes por cualquier causa y los que indebidamente hubiesen sido privados de su derecho de voto. Para impugnar los acuerdos de la Junta el propietario deberá estar al corriente en el pago de la totalidad de las deudas vencidas con la comunidad o proceder previamente a la consignación judicial de las mismas. Esta regla no será de aplicación para la impugnación de los acuerdos de la Junta relativos al establecimiento o alteración de las cuotas de participación a que se refiere el artículo 9 entre los propietarios.

3. La acción caducará a los tres meses de adoptarse el acuerdo por la Junta de propietarios, salvo que se trate de actos contrarios a la ley o a los estatutos, en cuyo caso la acción caducará al año. Para los propietarios ausentes dicho plazo se computará a partir de la comunicación del acuerdo conforme al procedimiento establecido en el artículo 9.

4. La impugnación de los acuerdos de la Junta no suspenderá su ejecución, salvo que el juez así lo disponga con carácter cautelar, a solicitud del demandante, oída la comunidad de propietarios.

Modificado por Ley 8/1999, de 6 de abril, de Reforma de la Ley 49/1960, de 21 de julio, sobre Propiedad Horizontal (BOE de 08-04-1999).

Ver art. 17, sobre forma de tomar los acuerdos; art. 19, sobre documentación de los acuerdos en el Libro de Actas; art. 9 h), acerca de las formas de notificación a los propietarios; art. 7 del Código Civil sobre abuso de derecho; arts. 483 y ss. de la LEC sobre procedimiento; arts. 1176 a 1180 del Código Civil, sobre consignación judicial; arts. 553-29, 553-31 y 553-32 del Código Civil de Cataluña.

ART. 19.

1. Los acuerdos de la Junta de propietarios se reflejarán en un libro de actas diligenciado por el Registrador de la Propiedad en la forma que reglamentariamente se disponga.

2. El acta de cada reunión de la Junta de propietarios deberá expresar, al menos, las siguientes circunstancias:

a) La fecha y el lugar de celebración.

b) El autor de la convocatoria y, en su caso, los propietarios que la hubiesen promovido.

c) Su carácter ordinario o extraordinario y la indicación sobre su celebración en primera o segunda convocatoria.

d) Relación de todos los asistentes y sus respectivos cargos, así como de los propietarios representados, con indicación, en todo caso, de sus cuotas de participación.

e) El orden del día de la reunión.

f) Los acuerdos adoptados, con indicación, en caso de que ello fuera relevante para la validez del acuerdo, de los nombres de los propietarios que hubieren votado a favor y en contra de los mismos, así como de las cuotas de participación que respectivamente representen.

3. El acta deberá cerrarse con las firmas del presidente y del secretario al terminar la reunión o dentro de los diez días naturales siguientes. Desde su cierre los acuerdos serán ejecutivos, salvo que la Ley previere lo contrario.

El acta de las reuniones se remitirá a los propietarios de acuerdo con el procedimiento establecido en el artículo 9.

Serán subsanables los defectos o errores del acta siempre que la misma exprese inequívocamente la fecha y lugar de celebración, los propietarios asistentes, presentes o representados, y los acuerdos adoptados, con indicación de los votos a favor y en contra, así como las cuotas de participación que respectivamente suponga y se encuentre firmada por el presidente y el secretario. Dicha subsanación deberá efectuarse antes de la siguiente reunión de la Junta de propietarios, que deberá ratificar la subsanación.

4. El secretario custodiará los libros de actas de la Junta de propietarios. Asimismo deberá conservar, durante el plazo de cinco años, las convocatorias, comunicaciones, apoderamientos y demás documentos relevantes de las reuniones.

Modificado por Ley 8/1999, de 6 de abril, de Reforma de la Ley 49/1960, de 21 de julio, sobre Propiedad Horizontal (BOE de 08-04-1999).

Ver arts. 14, 15, 16 y 17 de esta Ley, sobre las Juntas de propietarios y sus acuerdos; art. 20, sobre funciones del administrador, entre las que se cuenta la de, en su caso, poder actuar como secretario de la junta; arts. 553-27 y 553-28 del Código Civil de Cataluña; art. 415 del Reglamento Hipotecario.

ART. 20.

Corresponde al administrador:

a) Velar por el buen régimen de la casa, sus instalaciones y servicios, y hacer a estos efectos las oportunas advertencias y apercibimientos a los titulares.

b) Preparar con la debida antelación y someter a la Junta el plan de gastos previsibles, proponiendo los medios necesarios para hacer frente a los mismos.

c) Atender a la conservación y entretenimiento de la casa, disponiendo las reparaciones y medidas que resulten urgentes, dando inmediata cuenta de ellas al presidente o, en su caso, a los propietarios.

d) Ejecutar los acuerdos adoptados en materia de obras y efectuar los pagos y realizar los cobros que sean procedentes.

e) Actuar, en su caso, como secretario de la Junta y custodiar a disposición de los titulares la documentación de la comunidad.

f) Todas las demás atribuciones que se confieran por la Junta.

Modificado por Ley 8/1999, de 6 de abril, de Reforma de la Ley 49/1960, de 21 de julio, sobre Propiedad Horizontal (BOE de 08-04-1999).

Ver art. 13 de esta Ley, sobre nombramiento y condiciones requeridas para ostentar el cargo de administrador; arts. 14, 19 y 21 de esta Ley; art. 553-18 Código Civil de Cataluña.

ART. 21. Impago de los gastos comunes, medidas preventivas de carácter convencional, reclamación judicial de la deuda y mediación y arbitraje.

1. La junta de propietarios podrá acordar medidas disuasorias frente a la morosidad por el tiempo en que se permanezca en dicha situación, tales como el establecimiento de intereses superiores al interés legal o la privación temporal del uso de servicios o instalaciones, siempre que no puedan reputarse abusivas o desproporcionadas o que afecten a la habitabilidad de los inmuebles. Estas medidas no podrán tener en ningún caso carácter retroactivo y podrán incluirse en los estatutos de la comunidad. En todo caso, los créditos a favor de la comunidad devengarán intereses desde el momento en que deba efectuarse el pago correspondiente y éste no se haga efectivo.

2. La comunidad podrá, sin perjuicio de la utilización de otros procedimientos judiciales, reclamar del obligado al pago todas las cantidades que le sean debidas en concepto de gastos comunes, tanto si son ordinarios como extraordinarios, generales o individualizables, o fondo de reserva, y mediante el proceso monitorio especial aplicable a las comunidades de propietarios de inmuebles en régimen de propiedad horizontal. En cualquier caso, podrá ser demandado el titular registral, a efectos de soportar la ejecución sobre el inmueble inscrito a su nombre. El secretario administrador profesional, si así lo acordare la junta de propietarios, podrá exigir judicialmente la obligación del pago de la deuda a través de este procedimiento.

3. Para instar la reclamación a través del procedimiento monitorio habrá de acompañarse a la demanda un certificado del acuerdo de liquidación de la deuda emitido por quien haga las funciones de secretario de la comunidad con el visto bueno del presidente, salvo que el primero sea un secretario-administrador con cualificación profesional necesaria y legalmente reconocida que no vaya a intervenir profesionalmente en la reclamación judicial de la deuda, en

cuyo caso no será precisa la firma del presidente. En este certificado deberá constar el importe adeudado y su desglose. Además del certificado deberá aportarse, junto con la petición inicial del proceso monitorio, el documento acreditativo en el que conste haberse notificado al deudor, pudiendo también hacerse de forma subsidiaria en el tablón de anuncios o lugar visible de la comunidad durante un plazo de, al menos, tres días. Se podrán incluir en la petición inicial del procedimiento monitorio las cuotas aprobadas que se devenguen hasta la notificación de la deuda, así como todos los gastos y costes que conlleve la reclamación de la deuda, incluidos los derivados de la intervención del secretario administrador, que serán a cargo del deudor.

4. Cuando el deudor se oponga a la petición inicial del proceso monitorio, la comunidad podrá solicitar el embargo preventivo de bienes suficientes de aquél, para hacer frente a la cantidad reclamada, los intereses y las costas.

El tribunal acordará, en todo caso, el embargo preventivo sin necesidad de que el acreedor preste caución. No obstante, el deudor podrá enervar el embargo prestando las garantías establecidas en la Ley procesal.

5. Cuando en la solicitud inicial del proceso monitorio se utilizaren los servicios profesionales de abogado y/o procurador para reclamar las cantidades debidas a la Comunidad, el deudor deberá pagar, con sujeción en todo caso a los límites establecidos en el apartado tercero del artículo 394 de la Ley de Enjuiciamiento Civil, los honorarios y derechos que devenguen ambos por su intervención, tanto si aquél atendiere el requerimiento de pago como si no compareciere ante el tribunal, incluidos los de ejecución, en su caso. En los casos en que exista oposición, se seguirán las reglas generales en materia de costas, aunque si la comunidad obtuviere una sentencia totalmente favorable a su pretensión se deberán incluir en ellas los honorarios del abogado y los derechos del procurador derivados de su intervención, aunque no hubiera sido preceptiva.

6. La reclamación de los gastos de comunidad y del fondo de reserva o cualquier cuestión relacionada con la obligación de contribuir en ellos, también podrá ser objeto de mediación-conciliación o arbitraje, conforme a la legislación aplicable.

Modificado por Ley 10/2022, de 14 de junio, de medidas urgentes para impulsar la actividad de rehabilitación edificatoria en el contexto del Plan de Recuperación, Transformación y Resiliencia. (BOE de 15-06-2022).

Anteriormente modificado por Ley 1/2000, de 7 de enero, de Enjuiciamiento Civil. (BOE de 08-01-2000).

Ver arts. 812 al 818 de la Ley de Enjuiciamiento Civil sobre normas procesales reguladoras del proceso monitorio; art. 449 de la misma LEC acerca de la necesidad de acreditar el pago o consignación de la cantidad líquida a que se contrae la condena para interponer recursos; art. 9 e) y f) de esta Ley, sobre obligaciones económicas de los propietarios; art. 9 h) sobre notificaciones; art. 553-49 de la Ley 5/2015, de 13 de mayo, de modificación del libro quinto del Código civil de Cataluña, relativo a los derechos reales

ART. 22.

1. La comunidad de propietarios responderá de sus deudas frente a terceros con todos los fondos y créditos a su favor. Subsidiariamente y previo requerimiento de pago al propietario respectivo, el acreedor podrá dirigirse contra cada propietario que hubiese sido parte en el correspondiente proceso por la cuota que le corresponda en el importe insatisfecho.

2. Cualquier propietario podrá oponerse a la ejecución si acredita que se encuentra al corriente en el pago de la totalidad de las deudas vencidas con la comunidad en el momento de formularse el requerimiento a que se refiere el apartado anterior.

Si el deudor pagase en el acto de requerimiento, serán de su cargo las costas causadas hasta ese momento en la parte proporcional que le corresponda.

Añadido por Ley 8/1999, de 6 de abril, de Reforma de la Ley 49/1960, de 21 de julio, sobre Propiedad Horizontal (BOE de 08-04-1999).

Ver arts. 553-4 y 553-46 del Código Civil de Cataluña.

ART. 23.

El régimen de propiedad horizontal se extingue:

Primero.- Por la destrucción del edificio, salvo pacto en contrario. Se estimará producida aquélla cuando el coste de la reconstrucción exceda del cincuenta por ciento del valor de la finca al tiempo de ocurrir el siniestro, a menos que el exceso de dicho coste esté cubierto por un seguro.

Segundo.- Por conversión en propiedad o copropiedad ordinarias.

Añadido por Ley 8/1999, de 6 de abril, de Reforma de la Ley 49/1960, de 21 de julio, sobre Propiedad Horizontal (BOE de 08-04-1999).

Ver art. 17 de la LPH; art. 553-14 del Código Civil de Cataluña.

CAPÍTULO III
Del régimen de los complejos inmobiliarios privados

Añadido por Ley 8/1999, de 6 de abril, de Reforma de la Ley 49/1960, de 21 de julio, sobre Propiedad Horizontal (BOE de 08-04-1999).

ART. 24.

1. El régimen especial de propiedad establecido en el artículo 396 del Código Civil será aplicable aquellos complejos inmobiliarios privados que reúnan los siguientes requisitos:

a) Estar integrados por dos o más edificaciones o parcelas independientes entre sí cuyo destino principal sea la vivienda o locales.

b) Participar los titulares de estos inmuebles, o de las viviendas o locales en que se encuentren divididos horizontalmente, con carácter inherente a dicho derecho, en una copropiedad indivisible sobre otros elementos inmobiliarios, viales, instalaciones o servicios.

2. Los complejos inmobiliarios privados a que se refiere el apartado anterior podrán:

a) Constituirse en una sola comunidad de propietarios a través de cualquiera de los procedimientos establecidos en el párrafo segundo del artículo 5. En este caso quedarán sometidos a las disposiciones de esta Ley, que les resultarán íntegramente de aplicación.

b) Constituirse en una agrupación de comunidades de propietarios. A tal efecto, se requerirá que el título constitutivo de la nueva comunidad agrupada sea otorgado por el propietario único del complejo o por los presidentes de todas las comunidades llamadas a integrar aquélla, previamente autorizadas por acuerdo mayoritario de sus respectivas Juntas de propietarios. El título constitutivo contendrá la descripción del complejo inmobiliario en su conjunto y de los elementos, viales, instalaciones y servicios comunes. Asimismo fijará la cuota de participación de cada una de las comunidades integradas, las cuales responderán conjuntamente de su obligación de contribuir al sostenimiento de los gastos generales de la comunidad agrupada. El título y los estatutos de la comunidad agrupada serán inscribibles en el Registro de la Propiedad.

3. La agrupación de comunidades a que se refiere el apartado anterior gozará, a todos los efectos, de la misma situación jurídica que las comunidades de propietarios y se regirá por las disposiciones de esta Ley, con las siguientes especialidades:

a) La Junta de propietarios estará compuesta, salvo acuerdo en contrario, por los presidentes de las comunidades integradas en la agrupación, los cuales ostentarán la representación del conjunto de los propietarios de cada comunidad.

b) La adopción de acuerdos para los que la ley requiera mayorías cualificadas exigirá, en todo caso, la previa obtención de la mayoría de que se trate en cada una de las Juntas de propietarios de las comunidades que integran la agrupación.

c) Salvo acuerdo en contrario de la Junta no será aplicable a la comunidad agrupada lo dispuesto en el artículo 9 de esta Ley sobre el fondo de reserva.

La competencia de los órganos de gobierno de la comunidad agrupada únicamente se extiende a los elementos inmobiliarios, viales, instalaciones y servicios comunes. Sus acuerdos no podrá menoscabar en ningún caso las facultades que corresponden a los órganos de gobierno de las comunidades de propietarios integradas en la agrupación de comunidades.

4. A los complejos inmobiliarios privados que no adopten ninguna de las formas jurídicas señaladas en el apartado 2 les serán aplicables, supletoriamente respecto de los pactos que establezcan entre sí los copropietarios, las disposiciones de esta Ley, con las mismas especialidades señaladas en el apartado anterior.

Añadido por Ley 8/1999, de 6 de abril, de Reforma de la Ley 49/1960, de 21 de julio, sobre Propiedad Horizontal (BOE de 08-04-1999).

Ver arts. 392 y 396 del Código Civil; arts. 2, 5, 6 y 17 de esta Ley; arts. 553-48, 553-49, 553-50, 553-51, 553-53, 553-54, 553-55, 553-56, 553-57, 553-58 y 553-59 del Código Civil de Cataluña, así como la D.T. de la Ley 5/2015, de 13 de mayo, de modificación del libro quinto del Código civil de Cataluña, relativo a los derechos reales.

DISPOSICIONES ADICIONALES

D.A. 1.ª

1. Sin perjuicio de las disposiciones que en uso de sus competencias adopten las Comunidades Autónomas, la constitución del fondo de reserva regulado en el artículo 9.1.f) se ajustará a las siguientes reglas:

a) El fondo deberá constituirse en el momento de aprobarse por la Junta de propietarios el presupuesto ordinario de la comunidad correspondiente al ejercicio anual inmediatamente posterior a la entrada en vigor de la presente disposición.

Las nuevas comunidades de propietarios constituirán el fondo de reserva al aprobar su primer presupuesto ordinario.

b) En el momento de su constitución el fondo estará dotado con una cantidad no inferior al 2,5 por 100 del presupuesto ordinario de la comunidad. A tal efecto, los propietarios deberán efectuar previamente las aportaciones necesarias en función de su respectiva cuota de participación.

c) Al aprobarse el presupuesto ordinario correspondiente al ejercicio anual inmediatamente posterior a aquel en que se constituya el fondo de reserva, la dotación del mismo deberá alcanzar la cuantía mínima establecida en el artículo 9.

2. La dotación del fondo de reserva no podrá ser inferior, en ningún momento del ejercicio presupuestario, al mínimo legal establecido.

Las cantidades detraídas del fondo durante el ejercicio presupuestario para atender los gastos de las obras o actuaciones incluidas en el artículo 10 se computarán como parte integrante del mismo a efectos del cálculo de su cuantía mínima.

Al inicio del siguiente ejercicio presupuestario se efectuarán las aportaciones necesarias para cubrir las cantidades detraídas del fondo de reserva conforme a lo señalado en el párrafo anterior.

Renumerada (antes era la D.A. Única) por Ley Orgánica 1/2025, de 2 de enero, de medidas en materia de eficiencia del Servicio Público de Justicia. (BOE 03-01-2025). Esta modificación entró en vigor el 03-04-2025.

Apdo. 2 modificado por Ley 8/2013, de 26 de junio, de rehabilitación, regeneración y renovación urbanas. (BOE de 27-06-2013).

Ver art. 9.1 f), sobre obligación de los propietarios de contribuir a la dotación del fondo de reserva; art. 14, sobre competencia de la Junta para aprobar los presupuestos; art. 21, sobre proceso de reclamación a los propietarios morosos; art. 553-6 del Código Civil de Cataluña.

D.A. 2.ª

Aquel propietario de una vivienda que esté ejerciendo la actividad a que se refiere la letra e) del artículo 5 de la Ley 29/1994, de 24 de noviembre, de Arrendamientos Urbanos, con anterioridad a la entrada en vigor de la Ley Orgánica de medidas en materia de eficiencia del Servicio Público de Justicia, que se haya acogido previamente a la normativa sectorial turística, podrá seguir ejerciendo la actividad con las condiciones y plazos establecidos en la misma.

Añadida por Ley Orgánica 1/2025, de 2 de enero, de medidas en materia de eficiencia del Servicio Público de Justicia. (BOE 03-01-2025). Esta modificación entró en vigor el 03-04-2025.

DISPOSICIONES TRANSITORIAS

D.T. 1.ª

La presente Ley regirá todas las comunidades de propietarios, cualquiera que sea el momento en que fueron creadas y el contenido de sus estatutos, que no podrán ser aplicados en contradicción con lo establecido en la misma.

En el plazo de dos años, a contar desde la publicación de esta Ley en el "Boletín Oficial del Estado", las comunidades de propietarios deberán adaptar sus estatutos a lo dispuesto en ella en lo que estuvieren en contradicción con sus preceptos.

Transcurridos los dos años, cualquiera de los propietarios podrá instar judicialmente la adaptación prevenida en la presente disposición por el procedimiento señalado en el número 2 del artículo 16.

D.T. 2.ª

En los actuales estatutos reguladores de la propiedad por pisos, en los que esté establecido el derecho de tanteo y retracto en favor de los propietarios, se entenderán los mismos modificados en el sentido de quedar sin eficacia tal derecho, salvo que, en nueva Junta, y por mayoría que represente al menos el 80 por 100 de los titulares, se acordare el mantenimiento de los citados derechos de tanteo y retracto en favor de los miembros de la comunidad.

Ver art. 17.3 de esta Ley.

DISPOSICIONES FINALES

D.F. ÚNICA.

Quedan derogadas cuantas disposiciones se opongan a lo establecido en esta ley.

Ver D.F. de la Ley 8/1999, de 6 de abril, de reforma de la Ley de Propiedad Horizontal.

Dada en el Palacio de El Pardo a veintiuno de julio de mil novecientos sesenta.
FRANCISCO FRANCO

LEGISLACIÓN SUSTANTIVA CIVIL

II.-
CÓDIGO CIVIL

–GACETA Nº 206, de 25 de julio de 1889–

(Extracto: art. 396)

ART. 396.

Los diferentes pisos o locales de un edificio o las partes de ellos susceptibles de aprovechamiento independiente por tener salida propia a un elemento común de aquél o a la vía pública podrán ser objeto de propiedad separada, que llevará inherente un derecho de copropiedad sobre los elementos comunes del edificio, que son todos los necesarios para su adecuado uso y disfrute, tales como el suelo, vuelo, cimentaciones y cubiertas; elementos estructurales y entre ellos los pilares, vigas, forjados y muros de carga; las fachadas, con los revestimientos exteriores de terrazas, balcones y ventanas, incluyendo su imagen o configuración, los elemento de cierre que las conforman y sus revestimientos exteriores; el portal, las escaleras, porterías, corredores, pasos, muros, fosos, patios, pozos y los recintos destinados a ascensores, depósitos, contadores, telefonías o a otros servicios o instalaciones comunes, incluso aquéllos que fueren de uso privativo; los ascensores y las instalaciones, conducciones y canalizaciones para el desagüe y para el suministro de agua, gas o electricidad, incluso las de aprovechamiento de energía solar; las de agua caliente sanitaria, calefacción, aire acondicionado, ventilación o evacuación de humos; las de detección y prevención de incendios; las de portero electrónico y otras de seguridad del edificio, así como las de antenas colectivas y demás instalaciones para los servicios audiovisuales o de telecomunicación, todas ellas hasta la entrada al espacio privativo; las servidumbres y cualesquiera otros elementos materiales o jurídicos que por su naturaleza o destino resulten indivisibles.

Las partes en copropiedad no son en ningún caso susceptibles de división y sólo podrán ser enajenadas, gravadas o embargadas juntamente con la parte determinada privativa de la que son anejo inseparable.

En caso de enajenación de un piso o local, los dueños de los demás, por este solo título, no tendrán derecho de tanteo ni de retracto.

Esta forma de propiedad se rige por las disposiciones legales especiales y, en lo que las mismas permitan, por la voluntad de los interesados.

HIPOTECAS

III.-
LEY HIPOTECARIA, DE 8 DE FEBRERO DE 1946

–BOE N.º 58, de 27 de febrero de 1946–

(Extracto: arts. 8 y 107.11)

(…)

ART. 8.

Cada finca tendrá desde que se inscriba por primera vez un número diferente y correlativo.

Las inscripciones que se refieran a una misma finca tendrán otra numeración correlativa y especial.

Se inscribirán como una sola finca bajo un mismo número:

(…)

3.º Las fincas urbanas y edificios en general, aunque pertenezcan a diferentes dueños en dominio pleno o menos pleno.

4.º Los edificios en régimen de propiedad por pisos cuya construcción esté concluida o, por lo menos, comenzada.

En la inscripción se describirán, con las circunstancias prescritas por la Ley, además del inmueble en su conjunto, sus distintos pisos o locales susceptibles de aprovechamiento independiente, asignando a éstos un número correlativo, escrito en letra y la cuota de participación que a cada uno corresponde en relación con el inmueble. En la inscripción del solar o del edificio en conjunto se harán constar los pisos meramente proyectados.

Se incluirán además aquellas reglas contenidas en el título y en los estatutos que configuren el contenido y ejercicio de esta propiedad.

La inscripción se practicará a favor del dueño del inmueble constituyente del régimen o de los titulares de todos y cada uno de sus pisos o locales.

5.º Los pisos o locales de un edificio en régimen de propiedad horizontal, siempre que conste previamente en la inscripción del inmueble la constitución de dicho régimen.

(…)

ART. 107.

Podrán también hipotecarse:

(…)

11.º Los pisos o locales de un edificio en régimen de propiedad horizontal inscritos conforme a lo que determina el artículo octavo.

(…)

(…)

IV.-
REGLAMENTO HIPOTECARIO DE 14 DE FEBRERO DE 1947
–BOE N.º 106 de 16 de abril de 1947–

(Extracto: arts. 16, 44, 45, 68, 155 y 218)

(...)

ART. 16.

(...)

2. El derecho de elevar una o más plantas sobre un edificio o el de realizar construcciones bajo su suelo, haciendo suyas las edificaciones resultantes, que, sin constituir derecho de superficie, se reserve el propietario en caso de enajenación de todo o parte de la finca o transmita a un tercero, será inscribible conforme a las normas del apartado 3º. del artículo 8 de la Ley y sus concordantes. En la inscripción se hará constar:

a) Las cuotas que hayan de corresponder a las nuevas plantas en los elementos y gastos comunes o las normas para su establecimiento.

(...)

d) Las normas de régimen de comunidad, si se señalaren, para el caso de hacer la construcción.

(...)

ART. 44.

Se inscribirán bajo un sólo número, si los interesados lo solicitaren, considerándose como una sola finca con arreglo al artículo 8 de la Ley y para los efectos que el mismo expresa, siempre que pertenezca a un solo dueño o a varios pro indiviso:

Primero.- Las fincas rústicas y los solares colindantes, aunque no tengan edificación alguna, y las urbanas, también colindantes, que físicamente constituyan un solo edificio o casa-habitación.

Segundo.- Los cortijos, haciendas, labores, masías, dehesas, cercados, torres, caseríos, granjas, lugares, casales, cabañas y otras propiedades análogas que formen un cuerpo de bienes dependientes o unidos con uno o más edificios y una o varias piezas de terreno, con arbolado o sin él aunque no linden entre sí ni con el edificio, y con tal de que en este caso haya unidad orgánica de explotación o se trate de un edificio de importancia al cual estén subordinadas las fincas o construcciones.

Tercero.- Las explotaciones agrícolas, aunque no tengan casa de labor y estén constituidas por predios no colindantes, siempre que formen una unidad orgánica, con nombre propio, que sirva para diferenciarlas y una organización económica que no sea la puramente individual, así como las explotaciones familiares agrarias.

Cuarto.- Toda explotación industrial situada dentro de un perímetro determinado o que forme un cuerpo de bienes unidos o dependientes entre sí.

Quinto.- Todo edificio o albergue situado fuera de poblado con todas sus dependencias y anejos, como corrales, tinados o cobertizos, paneras, palomares, etc.

Sexto.- Las concesiones administrativas, excepto las que sean accesorias de otras fincas o concesiones.

Lo dispuesto en este artículo será aplicable aun cuando las propiedades se hallen enclavadas en diferentes Secciones, Ayuntamientos o Registros.

Hipotecas

ART. 45.

Cuando, en virtud de lo dispuesto en el artículo anterior, se reúnan dos o más fincas inscritas para formar una sola, con su nueva descripción, se inscribirá con número diferente, haciéndose mención de ello al margen de cada una de las inscripciones de propiedad de las fincas reunidas.

Si las fincas agrupadas no fueren colindantes, se describirán individualmente las parcelas que las constituyan y, con la mayor precisión posible, las características de la agrupación o causas que den lugar a ella.

No obstante lo dispuesto en el artículo anterior. podrán agruparse fincas pertenecientes a distintos propietarios, siempre que se determine de acuerdo con lo que resulte del título, la participación indivisa que a cada uno de ellos corresponda en la finca resultante de la agrupación.

(…)

ART. 68.

La inscripción de la transmisión de una cuota indivisa de finca destinada a garaje o estacionamiento de vehículos, podrá practicarse en folio independiente que se abrirá con el número de la finca matriz y el correlativo de cada cuota.

La apertura de folio se hará constar por nota al margen de la inscripción de la finca matriz.

(…)

ART. 155.

(…)

Tratándose de edificios en régimen de propiedad horizontal, bastará con la comparecencia del Presidente de la Comunidad autorizado al efecto mediante acuerdo de la Junta de Propietarios adoptado en la forma y con las mayorías establecidas en la Ley de Propiedad Horizontal, aportando la correspondiente certificación acreditativa de la que resulte que los presupuestos de la obra, cuyo importe no podrá ser inferior al del crédito o subvención concedida, han sido aceptados por la Comunidad. La anotación recaerá sobre la totalidad del edificio o finca de que se trate y se practicará en el folio de la finca matriz, con las correspondientes notas de referencia en los folios correspondientes a los elementos independientes.

(…)

ART. 218.

Cuando los diferentes pisos o departamentos de una casa pertenezcan a diversos propietarios, conforme a lo establecido en el artículo 396 del Código Civil, podrán acordar los dueños de aquéllos la constitución de una sola hipoteca sobre la totalidad de la finca, sin que sea necesaria la previa distribución entre los pisos.

Esta hipoteca se inscribirá en la forma siguiente:

a) Si los pisos estuvieren inscritos bajo el mismo número que la casa a que pertenezcan, se inscribirán en el mismo número de ésta.

b) Si la casa estuviera inscrita en su conjunto y, además e independientemente, lo estuvieren bajo número diferente, todos los pisos o departamentos de la misma, se hará una inscripción extensa de la hipoteca en el mismo número que tenga la casa en el Registro, e inscripciones concisas en el número que corresponda a cada piso.

c) Si estuvieren inscritos los pisos separadamente, pero no el edificio en su conjunto, se practicará la inscripción extensa en el número que corresponda a cualquiera de aquéllos, extendiéndose las inscripciones concisas en los demás.

El acreedor hipotecario sólo podrá hacer efectivo su derecho en estos casos, dirigiéndose contra la totalidad del edificio.

(…)

ESTACIONES RADIOELÉCTRICAS DE AFICIONADOS

V.-
LEY 19/1983, DE 16 DE NOVIEMBRE, SOBRE REGULACIÓN DEL DERECHO A INSTALAR EN EL EXTERIOR DE LOS INMUEBLES LAS ANTENAS DE LAS ESTACIONES RADIOELÉCTRICAS DE AFICIONADOS

–BOE N.º 283 de 26 de noviembre de 1983–

JUAN CARLOS I,
REY DE ESPAÑA

A todos los que la presente vieren y entendieren,
Sabed: Que las Cortes Generales han aprobado y Yo vengo en sancionar la siguiente Ley:

EXPOSICIÓN DE MOTIVOS

Las estaciones radioeléctricas de aficionados son instalaciones que sirven a unas funciones de instrucción individual de intercomunicación y de estudios técnicos, efectuados por personas debidamente autorizadas que se interesen en la radiotécnico con carácter exclusivamente personal y sin fines de lucro.

Además de los indicados fines privados, estas instalaciones prestan servicios de utilidad pública en determinadas ocasiones, habiéndose reconocido este carácter de modo oficial por la colaboración que sus titulares prestan a las autoridades nacionales en circunstancias extraordinarias.

Por otra parte, se trata de una actividad plenamente reconocida y regulada en el Reglamento de Radiocomunicaciones, anexo al vigente Convenio Internacional de Telecomunicaciones de 25 de octubre de 1973, firmado y ratificado por España mediante instrumento de 20 de marzo de 1976. En concordancia con esta legislación internacional integrada en nuestro ordenamiento jurídico, la Reglamentación nacional en la materia aprobada por Orden ministerial de 28 de febrero de 1979, establece las condiciones y requisitos para ser titulares de estas instalaciones, así como las obligaciones que ello comporta y el papel de la Administración, a fin de que se cumplan las especificaciones técnicas y se haga el debido uso, tanto de las instalaciones como de las bandas de frecuencias radioeléctricas, siguiendo las recomendaciones y las normas de los Organismos internacionales competentes.

Como elementos indispensables para el funcionamiento de las estaciones radioeléctricas de aficionados, sus titulares precisan instalar en el exterior de los inmuebles en que ejercen esta actividad las antenas y sus componentes complementarios, para lo que necesitan la oportuna autorización de los propietarios, quienes, de este modo, vienen a condicionar la efectividad del derecho que concede la licencia de aficionado, válidamente expedida por la Administración.

A este fin se hace necesario promulgar la norma que, respetando el derecho de los terceros usuarios del espectro radioeléctrico y conjugando los intereses en posible conflicto entre radioaficionados y propietarios de los inmuebles, establezca, con las garantías suficientes, el derecho de quienes estén autorizados para ello a instalar antenas en el exterior del inmueble en el que posea la correspondiente estación, regulando los requisitos exigidos y las facultades del titular del derecho de propiedad para su protección.

ART. 1.

Quienes estando legitimados para usar de la totalidad o parte de un inmueble y hayan obtenido la autorización reglamentaria del Ministerio de Transportes, Turismo y Comunicaciones para el montaje de una estación radioeléctrica de aficionados, podrán instalar, por su cuenta, en el exterior de los edificios que usen, antenas para la transmisión y recepción de emisiones.

ART. 2.

Los daños y perjuicios que se originen con motivo de la instalación, conservación y desmontaje de las antenas y demás elementos anejos a las mismas, correrán a cargo de los titulares de las licencias de estaciones radioeléctricas de aficionados, así como las reparaciones e indemnizaciones a que hubiere lugar.

La anterior responsabilidad se garantizará mediante el correspondiente contrato de seguro establecido con una Entidad del ramo, cuya póliza habrá de cubrir en la cuantía suficiente y en los términos adecuados, las contingencias que puedan suscitarse.

Los derechos que el artículo 545, párrafo 2, del Código Civil reconoce al dueño del predio sirviente, se ejercerán en su caso por la Comunidad de Propietarios, bastando que la decisión se adopte por mayoría simple.

ART. 3.

La instalación de antenas y de sus elementos anejos, conforme a lo establecido por la presente Ley, no será obstáculo para que puedan realizarse ulteriormente obras necesarias en el inmueble, aun cuando para la realización de las mismas haya de procederse temporalmente, a desmontar parcial o totalmente las instalaciones sin que por ello el titular de las mismas tenga derecho a ningún tipo de indemnización, debiendo quedar finalmente la instalación en condiciones similares a las anteriores.

ART. 4.

La cancelación de la licencia de estación, de la autorización de montaje o la falta de vigencia del contrato de seguro a que se refiere el artículo 2. de la presente Ley, implicará la pérdida del derecho que la misma reconoce.

DISPOSICIONES ADICIONALES

D.A. UNICA.

Reglamentariamente se determinarán las condiciones para la instalación de las antenas, asegurándose la idoneidad del emplazamiento de las instalaciones de la estación, así como sus condiciones de seguridad y garantizando que la misma no ocasione perjuicios a los elementos privativos y comunes o al uso de los mismos por los propietarios o titulares de derechos sobre el inmueble. De igual forma se establecerán los requisitos administrativos, las prescripciones técnicas y cuantas especificaciones sean necesarias, quedando garantizado en todo caso el derecho de los terceros usuarios del espacio radioeléctrico.

Por tanto,
Mando a todos los españoles, particulares y autoridades, que guarden y hagan guardar esta Ley.

Palacio de la Zarzuela, Madrid, a 16 de noviembre de 1983.

JUAN CARLOS R.
El Presidente del Gobierno, Felipe González Márquez.

VI.-
REAL DECRETO 2623/1986, DE 21 DE NOVIEMBRE, POR EL QUE SE REGULA LAS INSTALACIONES DE ANTENAS DE ESTACIONES RADIOELÉCTRICAS DE AFICIONADO

–BOE N.º 312, de 30 de diciembre de 1986–

Incluye las correcciones de publicadas en los BOE núms. 60 y 62, de 11 de marzo de 1987 y de 13 de marzo de 1987, respectivamente.

La Ley 19/1983, de 16 de noviembre, regula el derecho a instalar en el exterior de los inmuebles las antenas de estaciones radioeléctricas de aficionado a quienes, estando legitimados para el uso de la totalidad o parte de dichos inmuebles, hayan obtenido del Ministerio de Transportes, Turismo y Comunicaciones la autorización reglamentaria, según el procedimiento general que se establece en el Reglamento de Estaciones de Aficionado vigente.

La disposición adicional de la Ley exige que se determinen reglamentariamente las condiciones para la instalación de las antenas, asegurando la idoneidad del emplazamiento, las condiciones de seguridad y garantizando que la antena no ocasiona perjuicios a los elementos privativos y comunes o al uso de los mismos por los propietarios o titulares de derechos sobre el inmueble, y que se establezcan los requisitos administrativos, las prescripciones técnicas y cuantas especificaciones sean necesarias, quedando garantizado, en todo caso, el derecho de los terceros usuarios del espacio radioeléctrico.

Por otra parte, la seguridad física de las personas y los bienes obliga a que la instalación de las antenas de estaciones radioeléctricas de aficionado se haga con las suficientes garantías. Consecuentemente, en el presente Reglamento se aborda la regulación de los acuerdos con las Compañía de Seguros para cubrir la responsabilidad por los posibles daños con motivo de la instalación, conservación y desmontaje de las antenas, así como las reparaciones a que hubiere lugar.

Debe tenerse en cuenta, además, lo establecido en el Reglamento de Zonas e Instalaciones de Interés para la Defensa Nacional, aprobado por Real Decreto 689/1978, de 10 de febrero, y en la normativa vigente en materia de protección civil.

En su virtud, de acuerdo con el Consejo de Estado, a propuesta del Ministro de Transportes, Turismo y Comunicaciones, previa deliberación del Consejo de Ministros en su reunión del día 21 de noviembre de 1986,

DISPONGO:

ART. ÚNICO.

Se aprueba el Reglamento que se inserta como anexo al presente Real Decreto, como desarrollo de la Ley 19/1983, de 16 de noviembre, por la que se regula el derecho a instalar en el exterior de los inmuebles las antenas de las estaciones radioeléctricas de aficionado.

DISPOSICIONES TRANSITORIAS

D.T. 1.ª

Lo dispuesto en el capítulo segundo del presente Reglamento no será de aplicación respecto de las antenas de estaciones radioeléctricas de aficionado que a la entrada en vigor del presente Real Decreto estuvieran legalmente ya instaladas, que se regirán por los pactos o acuerdos convenidos entre las partes y, en su defecto, por el presente Reglamento.

D.T. 2.ª

En el plazo de tres meses, contados a partir de la fecha de entrada en vigor del presente Real Decreto, el usuario de una antena ya instalada de estación radioeléctrica de aficionado deberá concertar, o actualizar, en su caso, un seguro que cumpla con las condiciones y características que establece la Ley 19/1983, de 16 de noviembre, y el presente Reglamento.

DISPOSICIONES DEROGATORIAS

D.DT. ÚNICA.

Quedan derogadas cuantas disposiciones de igual o inferior rango se opongan a lo dispuesto en el presente Real Decreto.

DISPOSICIONES FINALES

D.F. ÚNICA.

Queda facultado el Ministro de Transportes, Turismo y Comunicaciones para dictar las disposiciones necesarias para el desarrollo de este Reglamento.

Dado en Madrid, a 21 de noviembre de 1986.
JUAN CARLOS R.

El Ministro de Transportes, Turismo y Comunicaciones,
ABEL RAMÓN CABALLERO ÁLVAREZ

ANEXO

REGLAMENTO POR EL QUE SE DETERMINAN LAS CONDICIONES PARA INSTALAR EN EL EXTERIOR DE LOS INMUEBLES LAS ANTENAS DE ESTACIONES RADIOELÉCTRICAS DE AFICIONADO

CAPÍTULO I
Definiciones

ART. 1.

A los efectos del presente Reglamento, los términos que se expresan a continuación tendrán el significado que se define para cada uno de ellos:

Aficionado: Persona natural o jurídica que, estando en posesión de la autorización reglamentaria de la Dirección General de Telecomunicaciones para la instalación y utilización de una estación-radioeléctrica del servicio de aficionado, pretende instalar la antena emisora correspondiente a dicha estación.

Propiedad: Aquella persona, natural o jurídica, que es propietaria del inmueble donde se desea instalar la antena de la estación radioeléctrica de aficionado.

Antena: Dispositivos conductores utilizados para la emisión, recepción o ambas funciones, de energía electromagnética.

Sistema radiante: Antena o conjunto de antenas.

Línea de transmisión: Elemento que sirve para realizar la conexión entre transmisor, receptor y antena.

Elementos anejos: Todo aquellos que no forman parte de la antena, tales como soporte, anclajes, riostras, transformadores de adaptación, rotores, etc.

Soporte: Elemento o elementos mecánicos que sirven de sustentación a la antena.

Mástil: Poste metálico o de otro material que sirve de antena o de soporte de ella.

Riostra: Cable, hilo u otra pieza rígida o flexible que sirve para asegurar la estabilidad mecánica de la antena y soporte.

Anclaje: Punto o elemento de fijación de las riostras a la obra civil del inmueble, repartiendo los esfuerzos mecánicos.

Elemento repartidor de carga: Elemento que distribuye en la obra civil del inmueble los esfuerzos transmitidos por los soportes o anclajes, haciendo que aquéllos se sitúen por debajo de los límites de seguridad.

Instalación: Acción de montar la antena y sus elementos anejos para su correcto funcionamiento.

Montaje: Equivalente a instalación.

Desmontaje: Operación inversa a la instalación. Incluye la reposición a su estado primitivo de los elementos de obra civil afectados por la instalación.

Conducto o canalización: Conjunto especialmente concebido para alojar una o varias líneas de transmisión, con los elementos que les fijan y su protección mecánica, si la hubiere.

Contacto: Efecto de tocar una persona o cosa partes activas de la antena y sus elementos anejos.

Explotación: Conjunto de operaciones que, incluyendo las de mantenimiento, se derivan del uso de las antenas.

Mantenimiento: Conjunto de operaciones necesarias para asegurar el buen funcionamiento de una antena, conservando sus características radioeléctricas y mecánicas destinadas a prevenir fallos.

Plano de paso: Plano o superficie situado bajo la antena y sus elementos anejos, accesible a personas.

Área pública: Espacio o superficie de propiedad no privada.

Nivel de vibración: Valoración global de las vibraciones que tiene en cuenta los posibles efectos de éstas en el individuo.

CAPÍTULO II
Primera instalación

ART. 2.

1. De conformidad con lo establecido en el Reglamento de Estaciones de Aficionado vigente, todo aspirante a la obtención de licencia de estación de aficionado deberá solicitarlo de la Dirección General de Telecomunicaciones y presentar la documentación necesaria en la Jefatura Provincial de Comunicaciones correspondiente.

2. La documentación compre una Memoria descriptiva de la estación que desee instalar, en la que se especificarán las características técnicas de los equipos transmisores y receptores radioeléctricos, sistemas radiantes y elementos accesorios.

3. En lo que se refiere a las antenas y elementos anejos, y en el caso de que el solicitante desee instalar las antenas en el exterior del edificio que use, la Memoria comprenderá: Un plano o esquema detallado de la instalación del mástil o soporte de la antena, señalándose en él la ubicación de otros sistemas captadores o transmisores de energía radioeléctrica, existentes en el mismo edificio o en sus inmediaciones; cálculo y descripción de soportes, riostras, anclajes, resistencia de suelo y elementos en que vayan a apoyarse; cálculo de la resistencia a los agentes exteriores propios del lugar de la instalación tales como viento, nieve, etc., así como una fotocopia de la escritura de propiedad del inmueble, de la división horizontal del mismo o de cualquier otro título jurídico que legitime el uso total o parcial del edificio de que se trata.

4. En cualquier caso deberá hacerse constar el nombre y dirección del propietario del inmueble o, en su caso, la dirección del Presidente de la Comunidad de Propietarios del mismo.

ART. 3.

Una vez aceptada la Memoria de instalación presentada, previas las correcciones que la Administración estimase necesarias, si fuese el caso, la Dirección General de Telecomunicaciones lo comunicará de manera fehaciente a la propiedad, o en el caso de tratarse de un edificio en régimen de propiedad horizontal, al Presidente de la Comunidad de propietarios, con objeto de que éstos lo conozcan y pueden alegar, en el plazo de dos meses, lo que pudiere oponerse a la idoneidad del emplazamiento de las instalaciones aceptadas o los perjuicios que se pudieren causar a los elementos privativos y comunes o al uso de los mismos. Si en el plazo de dos meses no se hubiera recibido ningún tipo de comunicación de la propiedad se entenderá que tácitamente se acepta la mencionada instalación

ART. 4.

1. Oída la propiedad, o transcurrido el plazo de dos meses a que hace referencia el artículo precedente, la Dirección General de Telecomunicaciones notificará al solicitante la aprobación de la instalación y montaje de la estación de antenas con las correcciones y observaciones pertinentes a las que deberá ajustarse, continuándose la tramitación normal del expediente. Dicho extremo se comunicará de manera fehaciente al propietario, o Presidente de la Comunidad en el caso de edificios en régimen de propiedad horizontal, quienes, en caso de disconformidad, podrán ejercitar los recursos administrativos y jurisdiccionales legalmente previstos.

2. Igual comunicación se hará cuando se expida la licencia de estación de aficionado o cuando, como consecuencia del expediente, se decretase la nulidad de las actuaciones y la cancelación de la autorización de la instalación.

ART. 5.

Salvo cuando material, técnica y radioeléctricamente sea factible, a juicio de la Dirección General de Telecomunicaciones, no se permitirá más de una instalación de antenas de estación de aficionado en un mismo inmueble.

CAPÍTULO III
Traslados y variaciones

ART. 6.

1. Cuando la propiedad del inmueble ha de realizar en él obras necesarias de carácter ordinario que impliquen el desmontaje, así como el posterior montaje de la antena y elementos anejos, lo cornunicará así al titular de la licencia de la estación de aficionado, de manera fehaciente, con una antelación de un mes, a fin de que éste pueda proceder por sí al desmontaje y posterior montaje de la instalación o a presenciarlo.

2. Tanto en un caso como en otro, de conformidad con lo que establece el artículo 3.º de la Ley 19/1983, la instalación de la antena deberá quedar en condiciones similares a las que tenía anteriormente, no pudiendo el titular de la licencia de estación de aficionado exigir ningún tipo de indemnización.

ART. 7.

Cuando las obras tengan carácter de indudable urgencia, la propiedad podrá proceder al desmontaje de las antenas y sus elementos anejos sin necesidad de acudir a los trámites y plazos señalados en el artículo anterior, pero deberá en todo caso poner inmediatamente en conocimiento del titular de la licencia de estación de aficionado la realización de tales obras.

ART. 8.

1. Durante el tiempo que las antenas y elementos anejos deban permanecer desmontados por razón de las obras, y siempre que ello fuere posible, se podrá autorizar por la Dirección General de Telecomunicaciones una instalación provisional compatible con la realización de las mismas

2. Los gastos que ocasionarse por esta instalación serán de cuenta del titular de la licencia de estación de aficionado.

ART. 9.

Cuando se trate de variaciones de emplazamiento de antena que pueda promover la propiedad del inmueble conforme a lo previsto en el artículo 2.º, párrafo último, de la Ley 19/1983 se estará a lo dispuesto en el artículo 545 del Código Civil.

ART. 10.

1. Cuando por inspecciones técnicas, variaciones en la acometida de la línea de transmisión de las antenas u otras circunstancias que pudieren presentarse, resultare aconsejable a juicio del titular de la licencia de estación de aficionado el cambio de ubicación de la antena deberá solicitarlo así de la Dirección General de Telecomunicaciones y seguir el mismo procedimiento como si se tratase de primera instalación.

2. Los gastos derivados de la realización de estos trabajos, así como los que correspondan a la reposición a su estado primitivo de loa elementos constructivos que hubieran resultado afectados por el anterior emplazamiento, serán de cuenta del titular de la licencia de estación de aficionado.

ART. 11.

De conformidad con el vigente Reglamento de Estaciones de Aficionado, cuando el titular quiera realizar con carácter de experimentación cualquier modificación en las características de las antenas y elementos anejos que no implique cambio de ubicación del soporte, deberá comunicárselo a la Dirección General de Telecomunicaciones, a los efectos de asegurar la resistencia mecánica y demás características de que deban tener las antenas y elementos anejos en todo momento, siendo en este caso potestativa de la Administración la realización de la visita de inspección técnica, según la importancia de la modificación que se pretenda.

CAPÍTULO IV
Prescripciones técnicas de las antenas y sus elementos anejos

ART. 12.

1. Las antenas y elementos anejos se instalarán de forma que no produzcan molestias, peligro o daño a personas o bienes y que se garantice el derecho de terceros a no sufrir daños en su propiedad derivados de la instalación.

2. En los casos en que las antenas se sitúen en azoteas o lugares transitables se señalizarán los anclajes y riostras y cuantos elementos pudieran obstaculizar el paso o entrañar peligro para las personas.

ART. 13.

1. La instalación de las antenas se hará de modo que se respeten las separaciones entre ellas y los elementos, instalaciones, y antenas de otros servicios para que éstos no resulten degradados en su funcionamiento.

2. Esta separación, sobre todo en el caso de antenas horizontales, será tal que, en las peores condiciones ambientales previsibles, sea la suficiente y en cualquier caso dejen una altura libre tres metros sobre el plano de paso.

ART. 14.

Cuando las antenas y sus elementos anejos se hallen situados en la proximidad de líneas eléctricas aéreas se colocarán con arreglo a lo que dispone el Reglamento Electrotécnico para Baja Tensión y sus instrucciones complementarias, así como con cualquier norma que el Ministerio de industria y Energía haya dictado en la materia y de forma que se garantice plenamente la imposibilidad de contacto con dichas líneas.

ART. 15.

En el caso de antenas cuyos elementos radiantes sobrepasen o puedan sobrepasar el espacio del inmueble donde estén o puedan estar situados, la Dirección General de Telecomunicaciones podrá exigir un tratamiento especial con condiciones más estrictas para el montaje, que serán estudiadas por el órgano correspondiente en cada caso.

ART. 16.

1. Las características mecánicas de antenas y elementos anejos deberán responder a las normas de la buena construcción y ser capaces de absorber los esfuerzos ocasionados para su uso, teniendo en cuenta las condiciones ambientales particulares del lugar de instalación, tales como presión del viento sobre la estructura, sobrecargas por hielo u otras similares.

2. Los mástiles o tubos que sirvan de soporte de las antenas y elementos anejos deberán estar diseñados de forma que se impida o, al menos, se dificulte la entrada de agua en ellos y, en todo caso, se garantice la evacuación de la que pudieran recoger.

3. Las antenas y elementos anejos y, en particular, soportes, anclajes y riostras deberán ser de materiales resistentes a la corrosión o tratados convenientemente e estos efectos.

ART. 17.

Los soportes de las antenas no podrán ser fijados a soportes o anclajes de pararrayos ni a los de conducciones aéreas de energía eléctrica. Dichos soportes deberán fijarse directamente a la obra civil en puntos aptos para tolerar los esfuerzos correspondientes o mediante elementos repartidores de la carga debidamente dimensionados. En todo caso se garantizará que tanto los soportes como los anclajes no deterioren la resistencia mecánica de los elementos constructivos a que se fijen, ni originen niveles de vibración perturbadores en los locales habitables superiores a los que permitan las disposiciones vigentes.

ART. 18.

1. Las líneas de transmisión y los cables de alimentación entre los equipos transmisores y receptores y la antena distarán no menos de 10 centímetros de cualquier conducto o canalización de servicios del edificio de forma que se impida su contacto con elementos mecánicos. Discurrirán preferentemente por patinillos de instalaciones, o bien por patios interiores, de modo que, a ser posible, no afecten a fachadas, evitando la accesibilidad por las personas.

2. No se admitirá su tendido vertical libre, sino que se fijarán a intervalos apropiados a las características de la línea.

3. En el caso de que las líneas de transmisión o los cables de alimentación vayan empotrados irán alojados en conductos o canalizaciones para uso exclusivo.

CAPÍTULO V
Explotación y mantenimiento

ART. 19.

El titular de la licencia de estación de aficionado deberá mantener la antena y elementos anejos en perfecto estado de conservación y subsanará de forma inmediata los defectos que pudieran afectar a la seguridad de personas y bienes.

ART. 20.

1. La responsabilidad que pudiere corresponder al titular de la licencia de estación de aficionado en su condición de usuario de la antena y sus elementos anejos, o derivada de su instalación, conservación y desmontaje, quedará cubierta con póliza de seguro que incluya su responsabilidad civil por daños materiales y corporales que se tanto a la propiedad como a terceros.

2. El contrato de muro habrá de formalizarse una vez autorizado el montaje de la antena y, en todo caso, antes de la expedición de la licencia de estación de aficionado.

3. El contrato de este seguro deberá necesariamente incluir una cláusula especificar en la que se exprese que dicho contrato cumple con lo establecido en el artículo 2.º de la Ley 19/1983, de 16 de noviembre, debiendo entregarse a la propiedad del inmueble o al Presidente de la Comunidad de Propietarios, según sea el caso, una copia de dicho contrato, mal como de los adicionales correspondientes a su actualización.

ART. 21.

La propiedad del inmueble queda obligada a permitir el paso a los funcionarios que la Dirección General de designe para realizar las inspecciones reglamentarias a las instalaciones de antenas y elementos anejos.

ART. 22.

En caso de que por parte de la propiedad se daños a la antena o a sus elementos anejos, la reparación los mismos y la indemnización, en su caso, será de cuenta de la propiedad.

DISPOSICIONES ADICIONALES

D.A. ÚNICA.

Lo dispuesto en el presente Reglamento se hace sin perjuicio de lo establecido en el Reglamento de Zonas e Instalaciones de Interés para la Defensa Nacional, aprobado por Real Decreto 689/1978, de 10 de febrero, y en la vigente normativa sobre protección civil.

ACCESO A LOS SERVICIOS DE TELECOMUNICACIÓN

VII.-
LEY 11/2022, DE 28 DE JUNIO, GENERAL DE TELECOMUNICACIONES

–BOE N.º 155, de 29 de junio de 2022–

(Extracto: art. 55)

(…)

TÍTULO III
Obligaciones de servicio público y derechos y obligaciones de carácter público en el suministro de redes y en la prestación de servicios de comunicaciones electrónicas

(…)

CAPÍTULO II
Derechos de los operadores y despliegue de redes públicas de comunicaciones electrónicas

(…)

Sección 4.ª Infraestructuras comunes y redes de comunicaciones electrónicas en los edificios

ART. 55. Infraestructuras comunes y redes de comunicaciones electrónicas en los edificios.

1. Mediante real decreto se desarrollará la normativa legal en materia de infraestructuras comunes de comunicaciones electrónicas en el interior de edificios y conjuntos inmobiliarios. Dicho real decreto determinará, tanto el punto de interconexión de la red interior con las redes públicas, como las condiciones aplicables a la propia red interior. Asimismo, regulará las garantías aplicables al acceso a los servicios de comunicaciones electrónicas a través de sistemas individuales en defecto de infraestructuras comunes de comunicaciones electrónicas, y el régimen de instalación de éstas en todos aquellos aspectos no previstos en las disposiciones con rango legal reguladoras de la materia.

2. La normativa técnica básica de edificación que regule la infraestructura de obra civil en el interior de los edificios y conjuntos inmobiliarios deberá tomar en consideración las necesidades de soporte de los sistemas y redes de comunicaciones electrónicas fijadas de conformidad con la normativa a que se refiere el apartado 1, previendo que la infraestructura de obra civil disponga de capacidad suficiente para permitir el paso de las redes de los distintos operadores, de forma que se facilite la posibilidad de uso compartido de estas infraestructuras por aquéllos.

3. La normativa reguladora de las infraestructuras comunes de comunicaciones electrónicas promoverá la sostenibilidad de las edificaciones y conjuntos inmobiliarios, de uso residencial, industrial, terciario y dotacional, facilitando la introducción de aquellas tecnologías de la información y las comunicaciones y el «Internet de las Cosas» que favorezcan su eficiencia energética, accesibilidad y seguridad, tendiendo hacia la implantación progresiva en España del edificio sostenible y conectado con unidades de convivencia superiores y del concepto de hogar digital.

4. El Ministerio de Asuntos Económicos y Transformación Digital creará y mantendrá un inventario centralizado y actualizado de todos aquellos edificios o conjuntos inmobiliarios que disponen de infraestructuras comunes de telecomunicaciones instaladas. Dicho inventario será puesto a disposición de los operadores y de las empresas instaladoras de telecomunicación.

5. Los operadores podrán instalar los tramos finales de las redes fijas de comunicaciones electrónicas de alta y muy alta capacidad así como sus recursos asociados en los edificios, fincas y conjuntos inmobiliarios que estén acogidos, o deban acogerse, al régimen de propiedad horizontal o a los edificios que, en todo o en parte, hayan sido o sean objeto de arrendamiento por plazo superior a un año, salvo los que alberguen una sola vivienda, al objeto de que cualquier copropietario o, en su caso, arrendatario del inmueble pueda hacer uso de dichas redes.

En el caso de edificios en los que no exista una infraestructura común de comunicaciones electrónicas en el interior del edificio o conjunto inmobiliario, o la existente no permita instalar el correspondiente acceso a las redes fijas de comunicaciones electrónicas de alta y muy alta capacidad, dicha instalación podrá realizarse haciendo uso de los elementos comunes de la edificación. En los casos en los que no sea posible realizar la instalación en el interior de la edificación o finca por razones técnicas o económicas, la instalación podrá realizarse utilizando las fachadas de las edificaciones.

El operador que se proponga instalar los tramos finales de red y sus recursos asociados a que se refiere el presente apartado, deberá comunicarlo por escrito a la comunidad de propietarios o, en su caso, al propietario del edificio, junto con una descripción de la actuación que pretende realizar, antes de iniciar cualquier instalación. El formato, contenido, y plazos formales de presentación tanto de la comunicación escrita como de la descripción de actuación referidos en el presente párrafo serán determinados reglamentariamente. En todo caso, corresponderá al operador acreditar que la comunicación escrita ha sido entregada.

La instalación no podrá realizarse si en el plazo de un mes desde que la comunicación se produzca, la comunidad de propietarios o el propietario acredita ante el operador que ninguno de los copropietarios o arrendatarios del edificio está interesado en disponer de las infraestructuras propuestas, o afirma que va a realizar, dentro de los tres meses siguientes a la contestación, la instalación de una infraestructura común de comunicaciones electrónicas en el interior del edificio o la adaptación de la previamente existente que permita dicho acceso de alta o muy alta capacidad. Transcurrido el plazo de un mes antes señalado desde que la comunicación se produzca sin que el operador hubiera obtenido respuesta, o el plazo de tres meses siguientes a la contestación sin que se haya realizado la instalación de la infraestructura común de comunicaciones electrónicas, el operador estará habilitado para iniciar la instalación de los tramos finales de red y sus recursos asociados, si bien será necesario que el operador indique a la comunidad de propietarios o al propietario el día de inicio de la instalación.

El procedimiento del párrafo anterior no será aplicable al operador que se proponga instalar los tramos finales de redes fijas de comunicaciones electrónicas de alta y muy alta capacidad y sus recursos asociados en un edificio o conjunto inmobiliario en el que otro operador haya iniciado o instalado tramos finales de dichas redes; o en aquellos casos, sean edificaciones o fincas sujetas al régimen de propiedad horizontal o no, en los que se trate de un tramo para dar continuidad a una instalación que sea necesaria para proporcionar acceso a dichas redes en edificios o fincas colindantes o cercanas y no exista otra alternativa económicamente eficiente y técnicamente viable que quede justificada, en cuyo caso la comunidad de propietarios o el propietario no podrá denegar al operador la instalación de los tramos finales en el edificio, ni podrá denegar la instalación del tramo de red necesario para dar continuidad de la red hacia los edificios o fincas colindantes. En ambos supuestos deberá existir, en todo caso, una comunicación previa mínima de un mes de antelación del operador a la comunidad de propietarios o al propietario junto con una descripción de la actuación que pretende realizar, antes de iniciar cualquier instalación.

En todo caso, será necesario que el operador indique a la comunidad de propietarios o al propietario el día de inicio de la instalación.

6. Los operadores serán responsables de cualquier daño que inflijan en las edificaciones o fincas como consecuencia de las actividades de instalación de las redes y recursos asociados a que se refiere el apartado anterior.

7. Por orden del Ministerio de Asuntos Económicos y Transformación Digital se determinarán los aspectos técnicos que deben cumplir los operadores en la instalación de los

recursos asociados a las redes fijas de comunicaciones electrónicas de alta y muy alta capacidad así como la obra civil asociada en los supuestos contemplados en el apartado 5 de este artículo, con el objetivo de reducir molestias y cargas a los ciudadanos, optimizar la instalación de las redes y facilitar el despliegue de las redes por los distintos operadores.

8. La Comisión Nacional de los Mercados y la Competencia podrá imponer, previa solicitud razonable o de oficio, a los operadores y a los propietarios de los correspondientes cables o recursos asociados cuando estos propietarios no sean operadores, previo trámite de información pública, obligaciones objetivas, transparentes, proporcionadas y no discriminatorias relativas al acceso o utilización compartida de los tramos finales de las redes de acceso, incluyendo los que discurran por el interior de las edificaciones y conjuntos inmobiliarios, o hasta el primer punto de concentración o distribución ubicado en su exterior, cuando la duplicación de esta infraestructura sea económicamente ineficiente o físicamente inviable. Las condiciones impuestas podrán incluir normas específicas sobre el acceso a dichos elementos de redes y a los recursos y servicios asociados, transparencia y no discriminación, así como de prorrateo de los costes de acceso, los cuales, en su caso, se ajustarán para tener en cuenta los factores de riesgo.

Cuando la Comisión Nacional de los Mercados y la Competencia concluya, habida cuenta en su caso de las obligaciones resultantes de cualquier análisis de mercado pertinente, que las obligaciones impuestas en virtud de lo dispuesto en el párrafo anterior no resuelven de modo suficiente barreras físicas o económicas importantes y no transitorias a la replicación subyacente a una situación existente o incipiente en el mercado que limitan significativamente los resultados de competitividad para los usuarios finales, podrá ampliar la imposición de dichas obligaciones de acceso, en condiciones justas y razonables, más allá del primer punto de concentración o distribución hasta un punto que considere es el más próximo a los usuarios finales que pueda acoger un número de conexiones de usuarios finales suficiente como para ser viable comercialmente para los solicitantes de acceso eficientes. Al determinar la extensión de la ampliación más allá del primer punto de concentración o de distribución, la Comisión Nacional de los Mercados y la Competencia tendrá en cuenta en la mayor medida posible las correspondientes directrices del ORECE. Si ello se justifica por motivos técnicos o económicos, la Comisión Nacional de los Mercados y la Competencia podrá imponer unas obligaciones de acceso activas o virtuales.

La Comisión Nacional de los Mercados y la Competencia no impondrá las obligaciones mencionadas en el párrafo anterior en cualquiera de los siguientes supuestos:

a) el operador sea exclusivamente mayorista y pone a disposición de cualquier operador unos medios de acceso a los usuarios finales alternativos, viables y similares en condiciones justas, no discriminatorias y razonables a una red de muy alta capacidad. La Comisión Nacional de los Mercados y la Competencia podrá hacer extensiva esta exención a otros operadores que ofrezcan, en condiciones justas, no discriminatorias y razonables, acceso a una red de muy alta capacidad. Esta exención no podrá aplicarse cuando las redes públicas de comunicaciones electrónicas sean o hayan sido financiadas públicamente;

b) se ponga en peligro la viabilidad económica o financiera de un nuevo despliegue de redes, en particular mediante proyectos locales de menor dimensión.

(…)

57

VIII.-
REAL DECRETO-LEY 1/1998, DE 27 DE FEBRERO, SOBRE INFRAESTRUCTURAS COMUNES EN LOS EDIFICIOS PARA EL ACCESO A LOS SERVICIOS DE TELECOMUNICACIÓN

–BOE N.º 51, de 28 de febrero de 1998–

EXPOSICIÓN DE MOTIVOS

La constante evolución de las telecomunicaciones hace necesario el desarrollo de un nuevo marco legislativo en materia de infraestructuras comunes para el acceso a los servicios de telecomunicación que, desde una perspectiva de libre competencia, permita dotar a los edificios de instalaciones suficientes para atender los servicios creados con posterioridad a la Ley 49/1966, de 23 de julio, sobre antenas colectivas, como son los de televisión por satélite y telecomunicaciones por cable. Igualmente, se deben planificar las infraestructuras de tal forma que permitan su adaptación a servicios de implantación futura cuyas normas reguladoras ya han sido adoptadas en el seno de la Unión Europea.

Las tecnologías disponibles actualmente han ampliado notablemente la oferta de programas de televisión y radiodifusión sonora y de otros servicios de telecomunicación, siendo preciso instrumentar medios para que los propietarios de pisos o locales sujetos al régimen de propiedad horizontal y los arrendatarios de todo o parte de un edificio puedan acceder a estas ofertas, evitando la proliferación de sistemas individuales y cableados exteriores en las nuevas construcciones, que afectarían negativamente a la estética de las mismas. Por otro lado, se hace necesario facilitar, en el seno de las comunidades de propietarios, los mecanismos legales para la implantación de estos sistemas que permitan la prestación de los nuevos servicios y la introducción de las nuevas tecnologías.

La urgencia en la aprobación de esta norma deriva, precisamente, de la necesidad de dotar a los usuarios, en un momento en el que es patente la rápida diversificación de la oferta en los servicios de telecomunicaciones, de los medios jurídicos que garanticen la efectividad del derecho a optar entre los diferentes servicios. Además, se desea remover, con la agilidad requerida por el desarrollo tecnológico y la diversidad de empresas prestadoras de servicios concurrentes en el mercado, las trabas para que éstas puedan actuar en él en condiciones de igualdad. Es imprescindible que todos los operadores cuenten con las mismas oportunidades de acceso a los usuarios como potenciales clientes de sus servicios.

Además, la urgencia de la norma deriva de la necesidad de facilitar, sin dilación, a los usuarios de los servicios de telecomunicaciones, tanto de radiodifusión y televisión como interactivos, la eficacia del artículo 20.1.d) de la Constitución, permitiéndoles elegir entre los distintos medios que les faciliten información. Se desea suprimir cuantos obstáculos puedan dificultar la recepción de información plural y, además, permitir que los ciudadanos puedan beneficiarse, de manera inmediata, de los nuevos servicios de telecomunicaciones que se les ofrezcan.

Reconociendo la complejidad de la regulación necesaria para lograr este doble objetivo, la finalidad del presente Real Decreto-ley es, únicamente, establecer el marco jurídico que garantice a los copropietarios de los edificios en régimen de propiedad horizontal y, en su caso, a los arrendatarios, el acceso a los servicios de telecomunicación.

El título prevalente que funda la competencia del Estado para dictar el Real Decreto-ley es el recogido en el artículo 149.1.21.a de la Constitución Española, que otorga a aquél competencia para la regulación del régimen jurídico de las telecomunicaciones. Además, el Real Decreto-ley afecta al marco jurídico establecido por la Ley 49/1960, de 21 de julio, de Propiedad Horizontal, al regular derechos y obligaciones de los copropietarios de edificios sujetos a ella, y, por lo tanto, se dicta, también, en ejercicio de la competencia estatal en materia de legislación civil a la que se refiere el artículo 149.1.8.a de la Constitución.

En su virtud, a propuesta del Ministro de Fomento, previa deliberación del Consejo de Ministros en su reunión celebrada el día 27 de febrero de 1998 y en uso de la autorización concedida por el artículo 86 de la Constitución,

DISPONGO:

ART. 1. Objeto y definición.

1. Este Real Decreto-ley tiene por objeto establecer el régimen jurídico de las infraestructuras comunes de acceso a los servicios de telecomunicación en el interior de los edificios y reconocer el derecho de sus copropietarios en régimen de propiedad horizontal y, en su caso, de los arrendatarios de todo o parte de aquéllos, a instalar las referidas infraestructuras, conectarse a ellas o adaptar las existentes.

2. A los efectos del presente Real Decreto-ley, se entiende por infraestructura común de acceso a servicios de telecomunicación, los sistemas de telecomunicación y las redes, que existan o se instalen en los edificios para cumplir, como mínimo, las siguientes funciones:

a) La captación y la adaptación de las señales de radiodifusión sonora y televisión terrestre tanto analógica como digital, y su distribución hasta puntos de conexión situados en las distintas viviendas o locales del edificio, y la distribución de las señales de televisión y radiodifusión sonora por satélite hasta los citados puntos de conexión. Las señales de radiodifusión sonora y de televisión terrestre susceptibles de ser captadas, adaptadas y distribuidas, serán las difundidas, dentro del ámbito territorial correspondiente, por las entidades habilitadas.

b) Proporcionar acceso al servicio telefónico básico y al servicio de telecomunicaciones por cable, mediante la infraestructura necesaria para permitir la conexión de las distintas viviendas, locales o del propio edificio a las redes de los operadores habilitados.

3. También tendrá la consideración de infraestructura común de acceso a los servicios de telecomunicación la que, no cumpliendo inicialmente las funciones indicadas en el apartado anterior, haya sido adaptada para cumplirlas. La adaptación podrá llevarse a cabo, en la medida en que resulte indispensable, mediante la construcción de una infraestructura adicional a la preexistente.

4. Aquellos conceptos que no se encuentren expresamente definidos en el presente Real Decreto-ley tendrán el significado que les atribuye la legislación en materia de telecomunicaciones y, supletoriamente, el Reglamento de Radiocomunicaciones anexo al Convenio de la Unión Internacional de Telecomunicaciones.

Modificado por Ley 10/2005, de 14 de junio, de Medidas Urgentes para el Impulso de la Televisión Digital Terrestre, de Liberalización de la Televisión por Cable y de Fomento del Pluralismo. (BOE de 15-06-2005).

ART. 2. Ámbito de aplicación.

Las normas contenidas en este Real Decreto-ley se aplicarán:

a) A todos los edificios y conjuntos inmobiliarios en los que exista continuidad en la edificación, de uso residencial o no y sean o no de nueva construcción, que estén acogidos, o deban acogerse, al régimen de propiedad horizontal regulado por la Ley 49/1960, de 21 de julio, de Propiedad Horizontal, modificada por la Ley 8/1999, de 6 de abril.

b) A los edificios que, en todo o en parte, hayan sido o sean objeto de arrendamiento por plazo superior a un año, salvo los que alberguen una sola vivienda.

Modificado por Ley 38/1999, de 5 de noviembre, de Ordenación de la Edificación. (BOE de 06-11-1999).

ART. 3. Instalación obligatoria de las infraestructuras reguladas en este Real Decreto-ley en edificios de nueva construcción.

1. A partir de la fecha de entrada en vigor del presente real decreto-ley, no se concederá autorización para la construcción o rehabilitación integral de ningún edificio de los referidos en el artículo 2, si al correspondiente proyecto arquitectónico no se une el que prevea la

instalación de una infraestructura común propia. Esta infraestructura deberá reunir las condiciones técnicas adecuadas para cumplir, al menos, las funciones indicadas en el artículo 1.2 de este real decreto-ley, sin perjuicio de los que se determine en las normas que, en cada momento, se dicten en su desarrollo.

La instalación de la infraestructura regulada en este real decreto-ley debe contar con el correspondiente proyecto técnico, firmado por quien esté en posesión de un título universitario oficial de ingeniero, ingeniero técnico, máster o grado que tenga competencias sobre la materia en razón del plan de estudios de la respectiva titulación.

Mediante real decreto se determinará el contenido mínimo que debe tener dicho proyecto técnico.

2. Toda edificación comprendida en el ámbito de aplicación de este Real Decreto-ley y que haya sido concluida después de transcurridos ocho meses desde su entrada en vigor deberá contar con las infraestructuras comunes de acceso a servicios de telecomunicación indicadas en el artículo 1.2, sujetándose a las previsiones establecidas en éste.

3. Los gastos necesarios para la instalación de las infraestructuras que este Real Decreto-ley regula deberán estar incluidos en el coste total de la construcción.

Modificado por Ley 9/2014, de 9 de mayo, General de Telecomunicaciones. (BOE de 10-05-2014).

ART. 4. Instalación de la infraestructura en los edificios ya construidos.

1. Cuando la comunidad de propietarios o el propietario de un edificio incluido en el ámbito de aplicación de este Real Decreto-ley y que esté concluido, o se concluya antes de transcurridos ocho meses desde su entrada en vigor, decidan la instalación de una infraestructura común de acceso a servicios de telecomunicación o la adaptación de la existente, lo notificarán por escrito a los propietarios de los pisos o locales o, en su caso, a los arrendatarios, al menos con dos meses de antelación a la fecha del comienzo de las obras encaminadas a la instalación o adaptación. Respecto de la comunidad de propietarios, el acuerdo en su seno habrá de ser aprobado, en junta de propietarios, por un tercio de sus integrantes que representen, a su vez, un tercio de las cuotas de participación en los elementos comunes.

2. En caso de que la decisión para la instalación de la infraestructura común de acceso a servicios de telecomunicación o para la adaptación de la existente, se adopte sin consentimiento del propietario o, en su caso, del arrendatario de un piso o local, la comunidad de propietarios o, en su caso, el propietario no podrán repercutir en ellos su coste. No obstante, si, con posterioridad, aquéllos solicitaren el acceso a servicios de telecomunicaciones cuyo suministro requiera aprovechar las nuevas infraestructuras o las adaptaciones realizadas en las preexistentes, podrá autorizárseles, siempre que abonen el importe que les hubiere correspondido, debidamente actualizado, aplicando el correspondiente interés legal.

3. La repercusión del coste de la nueva infraestructura o de la adaptación de la preexistente por el propietario de un edificio o parte de él en los arrendatarios se realizará, desde el mes siguiente al que se lleven a cabo, en la cuantía y proporción previstas en el artículo 19 de la Ley 29/1994, de 24 de noviembre, de Arrendamientos Urbanos.

Sin embargo, si quienes solicitaren la instalación o la adaptación de la infraestructura al propietario fueren, con arreglo a lo previsto en este Real Decreto-ley, los arrendatarios, será a su costa el gasto que aquéllas representen. En este último caso, al concluir el arrendamiento, la infraestructura instalada o adaptada quedará en el edificio a disposición de su propietario.

ART. 5. Conservación de la infraestructura.

1. Respecto de la comunidad de propietarios, se aplicará lo previsto en el artículo 10 de la Ley 49/1960, de 21 de julio, sobre Propiedad Horizontal, en cuanto al mantenimiento de los elementos, pertenencias y servicios comunes.

2. A la conservación de las infraestructuras en edificios arrendados se aplicará el artículo 21 de la Ley 29/1994, de 24 de noviembre, de Arrendamientos Urbanos, salvo que la instalación se hubiere solicitado por los arrendatarios, en cuyo caso los gastos que se produzcan serán a cuenta de éstos.

ART. 6. Obligación de instalación de la infraestructura.

1. Será obligatoria la instalación de la infraestructura regulada en este Real Decreto-ley en las edificaciones ya concluidas antes de su entrada en vigor o que se concluyan en el plazo de ocho meses desde que ésta se produzca, si concurre alguna de las siguientes circunstancias:

a) Que el número de antenas instaladas, individuales o colectivas, para la prestación de servicios incluidos en el artículo 1.2, sea superior a un tercio del número de viviendas y locales. En este caso, aquéllas deberán ser sustituidas, dentro de los seis meses siguientes a la entrada en vigor de este Real Decreto-ley, por una infraestructura común de acceso a servicios de telecomunicaciones. Si se superase el límite referido después de la citada entrada en vigor, el plazo de seis meses se computará desde el día en que se produzca esa circunstancia.

Será a cargo de quienes tengan instaladas las antenas para la recepción de servicios, el coste de la infraestructura, de su instalación y de la retirada de la preexistente, sin perjuicio de que si se beneficiare de la nueva infraestructura algún otro propietario de piso o local o, en su caso, algún arrendatario del edificio, deberán éstos participar en el coste, en la proporción correspondiente.

b) Que la Administración competente, de acuerdo con la normativa vigente que resulte aplicable, considere peligrosa o antiestética la colocación de antenas individuales en un edificio. En este supuesto, quienes deseasen la recepción de los servicios, a los que se refiere el artículo 1.2 de este Real Decreto-ley, deberán sufragar el coste de instalación de la infraestructura, sin perjuicio de repercutir en los propietarios de los demás pisos o locales o, en su caso, en los arrendatarios el importe de la inversión, en la proporción correspondiente, si éstos solicitaren servirse de aquélla.

2. No se tendrá que instalar la infraestructura citada en aquellos edificios construidos que no reúnan condiciones para soportarla, de acuerdo con el informe emitido al respecto por la Administración competente.

ART. 7. Consideración de la nueva infraestructura y retirada de la preexistente.

1. En el caso de que se realice la instalación de una infraestructura por concurrir alguna de las causas previstas en los artículos precedentes, ésta pasará a formar parte del edificio, como elemento común del mismo. La infraestructura instalada deberá cumplir todas las especificaciones técnicas de calidad y seguridad exigidas por la normativa vigente sobre construcción y, en especial, por la reguladora de la compatibilidad de aquéllas con las instalaciones de suministro de agua, gas y electricidad.

2. Una vez finalizada la instalación de la infraestructura y comprobado que permite la recepción de los servicios para los que ha sido instalada, la comunidad de propietarios retirará los elementos de los sistemas individuales de telecomunicación que facilitaban la recepción de esos mismos servicios. La retirada se realizará en presencia de los propietarios de los citados elementos, si éstos así lo solicitaren.

ART. 8. Garantía de continuidad en la recepción de los servicios.

La comunidad de propietarios o, en su caso, el propietario del edificio, tomarán las medidas oportunas tendentes a asegurar a aquéllos que tengan instalaciones individuales, la normal utilización de las mismas durante la construcción de la nueva infraestructura y en tanto ésta no se encuentre en perfecto estado de funcionamiento. La misma regla se aplicará en caso de que se produzca la adaptación de la infraestructura preexistente, a lo establecido en el artículo 1 de este Real Decreto-ley.

ART. 9. Derecho de los copropietarios o arrendatarios al acceso a los servicios y garantía del posible uso compartido de la infraestructura.

1. Los copropietarios de un edificio en régimen de propiedad horizontal o, en su caso, los arrendatarios tendrán derecho a acceder a los servicios de telecomunicaciones distintos de los indicados en el artículo 1.2, a través de la instalación común realizada con arreglo a este Real Decreto-ley, si técnicamente resultase posible su adaptación, o a través de sistemas individuales.

Igualmente, cualquier copropietario de un edificio en régimen de propiedad horizontal o, en su caso, cualquier arrendatario de todo o parte de un edificio tendrán derecho, a su costa y en caso de que no exista una infraestructura común en el mismo, a instalar ésta. También podrán realizar la adaptación de la infraestructura ya existente en el edificio a lo establecido en el artículo 1.2 de este Real Decreto-ley.

Para llevar a cabo lo previsto en este artículo, los copropietarios o los arrendatarios podrán aprovecharse no sólo de los elementos privativos, sino también de los comunes de los inmuebles, siempre que no menoscaben la infraestructura que existiere en los edificios y no interfieran ni modifiquen las señales correspondientes a servicios que previamente hubiesen contratado otros usuarios.

2. En los supuestos establecidos en el anterior apartado, cuando el propietario de un piso o local, o, en su caso, un arrendatario, desee recibir la prestación de un servicio de telecomunicación al que pudiera accederse a través de una infraestructura determinada, deberá comunicarlo al presidente de la comunidad de propietarios o, en su caso, al propietario del edificio, antes de iniciar cualquier obra con dicha finalidad. El presidente de la comunidad de propietarios o el propietario deberán contestarle antes de quince días desde que la comunicación se produzca, aplicándose, según proceda, las siguientes reglas:

a) En caso de que exista ya en el edificio esa infraestructura o, antes de que transcurran tres meses desde que la comunicación se produzca, se fuese a adaptar la existente o a instalar una nueva con la finalidad de permitir el acceso a los servicios en cuestión, no podrá llevarse a acabo obra alguna por el copropietario o por el arrendatario.

b) En el supuesto de que no existiese la infraestructura, no fuese hábil para la prestación del servicio al que desean acceder el copropietario o el arrendatario o no se instalase una nueva ni se adaptase la preexistente en el referido plazo de tres meses, el comunicante podrá realizar la obra que le permita la recepción de los servicios de telecomunicaciones correspondientes. Si cualquier otro copropietario o arrendatario solicitase, con posterioridad, beneficiarse de la instalación de las nuevas infraestructuras comunes o de la adaptación de las preexistentes que se llevasen a cabo al amparo de este artículo, se les podrá autorizar, siempre que cumplan lo previsto en el segundo inciso del artículo 4.2.

ART. 10. Consideración de la infraestructura a efectos de la Ley de Arrendamientos Urbanos.

La instalación o la adaptación de una infraestructura se considerará como obra de mejora a los efectos de lo establecido en el artículo 22 de la vigente Ley 29/1994, de 24 de noviembre, de Arrendamientos Urbanos.

ART. 11. Régimen sancionador.

1. El incumplimiento por el promotor o el constructor de la obligación que le impone el artículo 3 en los edificios de nueva construcción será constitutivo de infracción muy grave y se castigará con multa de 30.050,62 euros hasta 300.506,05 euros, graduándose su importe conforme a los criterios establecidos en el artículo 131.3 de la Ley 30/1992, de 26 de noviembre, de Régimen Jurídico de las Administraciones Públicas y del Procedimiento Administrativo Común.

2. Se considerará infracción leve el incumplimiento por los copropietarios o arrendatarios de lo dispuesto en el artículo 6 y se sancionará con multa de hasta 30.050,61 euros, graduándose su importe conforme a los criterios indicados en el apartado anterior.

3. Corresponde la imposición de las sanciones previstas en los apartados precedentes al Secretario general de Comunicaciones del Ministerio de Fomento. La actuación administrativa se iniciará de oficio o mediante denuncia, resolviéndose, previa comprobación de los hechos por los servicios de inspección del Ministerio de Fomento e instrucción del correspondiente procedimiento.

4. En lo no previsto en este Real Decreto-ley, se estará, en lo relativo al régimen sancionador, a lo establecido en la legislación de telecomunicaciones y en la citada Ley 30/1992.

DISPOSICIONES DEROGATORIAS

D.DT. ÚNICA. Eficacia derogatoria.

Queda derogada la Ley 49/1966, de 23 de julio, sobre Antenas Colectivas, y cuantas disposiciones de igual o inferior rango se opongan a lo dispuesto en este Real Decreto-ley.

DISPOSICIONES FINALES

D.F. 1.ª Facultades de desarrollo.

Se autoriza al Gobierno para dictar cuantas disposiciones sean necesarias para el desarrollo y la aplicación del presente Real Decreto-ley.

Acceso Serv. Comunicación

D.F. 2.ª Entrada en vigor.

Este Real Decreto-ley entrará en vigor el día siguiente al de su publicación en el «Boletín Oficial del Estado».

Dado en Madrid a 27 de febrero de 1998.

JUAN CARLOS R.

El Presidente del Gobierno,
JOSÉ MARÍA AZNAR LÓPEZ

IX.-
DECRETO 1306/1974, DE 2 DE MAYO, POR EL QUE SE REGULA LA INSTALACIÓN EN INMUEBLES DE SISTEMAS DE DISTRIBUCIÓN DE LA SEÑAL DE TELEVISIÓN POR CABLE

–BOE N.º 116, de 15 de mayo de 1974–

El desarrollo de la televisión en España, así como los constantes progresos técnicos surgidos en este medio, han determinado la conveniencia de ofrecer nuevos procedimientos en la distribución de las señales que permitan una mejor recepción de dicho servicio público.

Con estos objetivos comenzará a prestarse el servicio público de distribución de la señal de televisión por cable, y considerando las ventajas que ha de procurar al espectador, tal sistema, en cuanto a calidad de recepción y contenido de su programación, así como teniendo presente el principio de amplia libertad de utilización de la televisión por sus usuarios consagrado en el Convenio Internacional de Comunicaciones de veintidós de diciembre de mil novecientos sesenta y dos, resulta necesario dictar las normas precisas para encauzar jurídicamente la problemática que pudieran comportar en la relación arrendaticia las instalaciones inherentes a estas nuevas técnicas receptoras, al igual que anteriormente se dictaron para regular la instalación de antenas receptoras de televisión en el exterior de los inmuebles, por Decreto de dieciocho de octubre de mil novecientos cincuenta y siete, con vigencia reconocida en la disposición final segunda del texto refundido de la Ley de Arrendamientos Urbanos de veinticuatro de diciembre de mil novecientos sesenta y cuatro y en el artículo veintisiete de la Ley de veintitrés de julio de mil novecientos sesenta y seis. Al mismo tiempo, se faculta a las Entidades encargadas por la Dirección General de Radiodifusión y Televisión, única competente para regular la implantación del servicio de televisión por cable, según lo dispuesto en el Decreto dos mil quinientos nueve/mil novecientos setenta y tres, de once de octubre, a realizar las obras necesarias para establecer la infraestructura e instalar el servicio de televisión por cable en los inmuebles.

En su virtud, de acuerdo con lo establecido por la disposición adicional octava del texto refundido de la Ley de Arrendamientos Urbanos, aprobado por el Decreto de veinticuatro de diciembre de mil novecientos sesenta y cuatro, y a propuesta de los Ministros de Justicia e Información y Turismo y previa deliberación del Consejo de Ministros en su reunión del día diecinueve de abril de mil novecientos setenta y cuatro,

DISPONGO:

ART. 1.

Los inquilinos, arrendatarios o personas legalmente autorizadas para usar de la totalidad o parte de un inmueble urbano podrán instalar en los mismos, a través de las Empresas debidamente autorizadas por la Dirección General de Radiodifusión y Televisión, el servicio de televisión por cable, sin más limitaciones que las derivadas de la observancia de los Reglamentos Administrativos sobre la materia.

Las obras conexas al ejercicio del derecho arrendaticio o posesorio antes citado no serán causa de resolución contractual, quedando excluidas del efecto previsto en la cláusula séptima del artículo ciento catorce de la vigente Ley de Arrendamientos Urbanos.

ART. 2.

Uno. Las Entidades encargadas por la Dirección General de Radiodifusión y Televisión para establecer la infraestructura e instalar el servicio de televisión por cable quedan facultadas, conforme a su legislación especial, para la realización de cuantas obras sean necesarias respecto a la adecuada prestación del mismo.

Dos. Los inquilinos y las Entidades encargadas de la instalación responderán civilmente de los daños que causen, en los términos establecidos en el Código Civil y, en su caso, en la Ley de Arrendamientos Urbanos,

Tres. Las cuestiones que se susciten, en relación con la materia regulada por el presente artículo, se ventilarán ante los Tribunales ordinarios por los trámites establecidos en las normas procesales que sean de aplicación.

ART. 3.

Las autorizaciones y servidumbres que precise obtener la «Compañía Telefónica Nacional de España» para la realización de las obras e instalaciones que exija la adecuada prestación del servicio de televisión por cable, se regirán por las normas contenidas en la Ley de treinta y uno de diciembre de mil novecientos cuarenta y cinco y en el contrato celebrado entre dicha Compañía y el Estado, aprobado por Decreto de treinta y uno de octubre de mil novecientos cuarenta y seis.

ART. 4.

Los Ministerios de Justicia e Información y Turismo quedan autorizados para dictar las normas complementarias precisas para el cumplimiento y ejecución del presente Decreto.

Así lo dispongo por el presente Decreto, dado en Madrid a dos de mayo de mil novecientos setenta y cuatro.

FRANCISCO FRANCO

El Ministro de la Presidencia del Gobierno,
ANTONIO CARRO MARTÍNEZ

REHABILITACIÓN, REGENERACIÓN Y RENOVACIÓN URBANAS

LEY 8/2013, DE 26 DE JUNIO, DE REHABILITACIÓN, REGENERACIÓN Y RENOVACIÓN URBANAS
–BOE N.º 153, de 27 de junio de 2013–

(Extracto: D.F. 1.ª)

(…)

D.F. 1.ª Modificación de la Ley 49/1960, de 21 de julio, sobre Propiedad Horizontal.

Se modifican los artículos 2, 3, 9, 10 y 17 y la disposición adicional de la Ley 49/1960, de 21 de julio, sobre Propiedad Horizontal.

Uno. Se adicionan las letras d) y e) al artículo 2, que quedan redactadas de la siguiente manera:

«d) A las subcomunidades, entendiendo por tales las que resultan cuando, de acuerdo con lo dispuesto en el título constitutivo, varios propietarios disponen, en régimen de comunidad, para su uso y disfrute exclusivo, de determinados elementos o servicios comunes dotados de unidad e independencia funcional o económica.

e) A las entidades urbanísticas de conservación en los casos en que así lo dispongan sus estatutos.»

Dos. El artículo 3 queda redactado de la siguiente manera:

«En el régimen de propiedad establecido en el artículo 396 del Código Civil corresponde a cada piso o local:

a) El derecho singular y exclusivo de propiedad sobre un espacio suficientemente delimitado y susceptible de aprovechamiento independiente, con los elementos arquitectónicos e instalaciones de todas clases, aparentes o no, que estén comprendidos dentro de sus límites y sirvan exclusivamente al propietario, así como el de los anejos que expresamente hayan sido señalados en el título, aunque se hallen situados fuera del espacio delimitado.

b) La copropiedad, con los demás dueños de pisos o locales, de los restantes elementos, pertenencias y servicios comunes.

A cada piso o local se atribuirá una cuota de participación con relación al total del valor del inmueble y referida a centésimas del mismo. Dicha cuota servirá de módulo para determinar la participación en las cargas y beneficios por razón de la comunidad. Las mejoras o menoscabos de cada piso o local no alterarán la cuota atribuida, que sólo podrá variarse de acuerdo con lo establecido en los artículos 10 y 17 de esta Ley.

Cada propietario puede libremente disponer de su derecho, sin poder separar los elementos que lo integran y sin que la transmisión del disfrute afecte a las obligaciones derivadas de este régimen de propiedad.»

Tres. Las letras c), e) y f) del apartado 1 del artículo 9 y el apartado 2 del mismo artículo, quedan redactados de la siguiente manera:

«c) Consentir en su vivienda o local las reparaciones que exija el servicio del inmueble y permitir en él las servidumbres imprescindibles requeridas para la realización de obras, actuaciones o la creación de servicios comunes llevadas a cabo o acordadas conforme a lo establecido en la presente Ley, teniendo derecho a que la comunidad le resarza de los daños y perjuicios ocasionados.

[...]

e) Contribuir, con arreglo a la cuota de participación fijada en el título o a lo especialmente establecido, a los gastos generales para el adecuado sostenimiento del inmueble, sus servicios, cargas y responsabilidades que no sean susceptibles de individualización.

Los créditos a favor de la comunidad derivados de la obligación de contribuir al sostenimiento de los gastos generales correspondientes a las cuotas imputables a la parte vencida de la anualidad en curso y los tres años anteriores tienen la condición de preferentes a efectos del artículo 1.923 del Código Civil y preceden, para su satisfacción, a los citados en los números 3.º, 4.º y 5.º de dicho precepto, sin perjuicio de la preferencia establecida a favor de los créditos salariales en el texto refundido de la Ley del Estatuto de los Trabajadores, aprobado por el Real Decreto Legislativo 1/1995, de 24 de marzo.

El adquirente de una vivienda o local en régimen de propiedad horizontal, incluso con título inscrito en el Registro de la Propiedad, responde con el propio inmueble adquirido de las cantidades adeudadas a la comunidad de propietarios para el sostenimiento de los gastos generales por los anteriores titulares hasta el límite de los que resulten imputables a la parte vencida de la anualidad en la cual tenga lugar la adquisición y a los tres años naturales anteriores. El piso o local estará legalmente afecto al cumplimiento de esta obligación.

En el instrumento público mediante el que se transmita, por cualquier título, la vivienda o local el transmitente, deberá declarar hallarse al corriente en el pago de los gastos generales de la comunidad de propietarios o expresar los que adeude. El transmitente deberá aportar en este momento certificación sobre el estado de deudas con la comunidad coincidente con su declaración, sin la cual no podrá autorizarse el otorgamiento del documento público, salvo que fuese expresamente exonerado de esta obligación por el adquirente. La certificación será emitida en el plazo máximo de siete días naturales desde su solicitud por quien ejerza las funciones de secretario, con el visto bueno del presidente, quienes responderán, en caso de culpa o negligencia, de la exactitud de los datos consignados en la misma y de los perjuicios causados por el retraso en su emisión.

f) Contribuir, con arreglo a su respectiva cuota de participación, a la dotación del fondo de reserva que existirá en la comunidad de propietarios para atender las obras de conservación y reparación de la finca y, en su caso, para las obras de rehabilitación.

El fondo de reserva, cuya titularidad corresponde a todos los efectos a la comunidad, estará dotado con una cantidad que en ningún caso podrá ser inferior al 5 por ciento de su último presupuesto ordinario.

Con cargo al fondo de reserva la comunidad podrá suscribir un contrato de seguro que cubra los daños causados en la finca o bien concluir un contrato de mantenimiento permanente del inmueble y sus instalaciones generales.

2. Para la aplicación de las reglas del apartado anterior se reputarán generales los gastos que no sean imputables a uno o varios pisos o locales, sin que la no utilización de un servicio exima del cumplimiento de las obligaciones correspondientes, sin perjuicio de lo establecido en el artículo 17.4.»

Cuatro. El artículo 10 queda redactado de la siguiente manera:

«1. Tendrán carácter obligatorio y no requerirán de acuerdo previo de la Junta de propietarios, impliquen o no modificación del título constitutivo o de los estatutos, y vengan impuestas por las Administraciones Públicas o solicitadas a instancia de los propietarios, las siguientes actuaciones:

a) Los trabajos y las obras que resulten necesarias para el adecuado mantenimiento y cumplimiento del deber de conservación del inmueble y de sus servicios e instalaciones comunes, incluyendo en todo caso, las necesarias para satisfacer los requisitos básicos de seguridad, habitabilidad y accesibilidad universal, así como las condiciones de ornato y cualesquiera otras derivadas de la imposición, por parte de la Administración, del deber legal de conservación.

b) Las obras y actuaciones que resulten necesarias para garantizar los ajustes razonables en materia de accesibilidad universal y, en todo caso, las requeridas a instancia de los propietarios en cuya vivienda o local vivan, trabajen o presten servicios voluntarios, personas con discapacidad, o mayores de setenta años, con el objeto de asegurarles un uso adecuado a sus necesidades de los elementos comunes, así como la instalación de rampas, ascensores u otros dispositivos mecánicos y electrónicos que favorezcan la orientación o su comunicación con el exterior, siempre que el importe repercutido anualmente de las mismas, una vez descontadas las subvenciones o ayudas públicas, no exceda de doce mensualidades ordinarias de gastos comunes. No eliminará el carácter obligatorio de estas obras el hecho de que el resto de su coste, más allá de las citadas mensualidades, sea asumido por quienes las hayan requerido.

c) La ocupación de elementos comunes del edificio o del complejo inmobiliario privado durante el tiempo que duren las obras a las que se refieren las letras anteriores.

d) La construcción de nuevas plantas y cualquier otra alteración de la estructura o fábrica del edificio o de las cosas comunes, así como la constitución de un complejo inmobiliario, tal y como prevé el artículo 17.4 del texto refundido de la Ley de Suelo, aprobado por el Real Decreto

Legislativo 2/2008, de 20 de junio, que resulten preceptivos a consecuencia de la inclusión del inmueble en un ámbito de actuación de rehabilitación o de regeneración y renovación urbana.

e) Los actos de división material de pisos o locales y sus anejos para formar otros más reducidos e independientes, el aumento de su superficie por agregación de otros colindantes del mismo edificio, o su disminución por segregación de alguna parte, realizados por voluntad y a instancia de sus propietarios, cuando tales actuaciones sean posibles a consecuencia de la inclusión del inmueble en un ámbito de actuación de rehabilitación o de regeneración y renovación urbanas.

2. Teniendo en cuenta el carácter de necesarias u obligatorias de las actuaciones referidas en las letras a) a d) del apartado anterior, procederá lo siguiente:

a) Serán costeadas por los propietarios de la correspondiente comunidad o agrupación de comunidades, limitándose el acuerdo de la Junta a la distribución de la derrama pertinente y a la determinación de los términos de su abono.

b) Los propietarios que se opongan o demoren injustificadamente la ejecución de las órdenes dictadas por la autoridad competente responderán individualmente de las sanciones que puedan imponerse en vía administrativa.

c) Los pisos o locales quedarán afectos al pago de los gastos derivados de la realización de dichas obras o actuaciones en los mismos términos y condiciones que los establecidos en el artículo 9 para los gastos generales.

3. Requerirán autorización administrativa, en todo caso:

a) La constitución y modificación del complejo inmobiliario a que se refiere el artículo 17.6 del texto refundido de la Ley de Suelo, aprobado por el Real Decreto Legislativo 2/2008, de 20 de junio, en sus mismos términos.

b) Cuando así se haya solicitado, previa aprobación por las tres quintas partes del total de los propietarios que, a su vez, representen las tres quintas partes de las cuotas de participación, la división material de los pisos o locales y sus anejos, para formar otros más reducidos e independientes; el aumento de su superficie por agregación de otros colindantes del mismo edificio o su disminución por segregación de alguna parte; la construcción de nuevas plantas y cualquier otra alteración de la estructura o fábrica del edificio, incluyendo el cerramiento de las terrazas y la modificación de la envolvente para mejorar la eficiencia energética, o de las cosas comunes, cuando concurran los requisitos a que alude el artículo 17.6 del texto refundido de la Ley de Suelo, aprobado por el Real Decreto Legislativo 2/2008, de 20 de junio.

En estos supuestos deberá constar el consentimiento de los titulares afectados y corresponderá a la Junta de Propietarios, de común acuerdo con aquéllos, y por mayoría de tres quintas partes del total de los propietarios, la determinación de la indemnización por daños y perjuicios que corresponda. La fijación de las nuevas cuotas de participación, así como la determinación de la naturaleza de las obras que se vayan a realizar, en caso de discrepancia sobre las mismas, requerirá la adopción del oportuno acuerdo de la Junta de Propietarios, por idéntica mayoría. A este respecto también podrán los interesados solicitar arbitraje o dictamen técnico en los términos establecidos en la Ley.»

Cinco. El artículo 17 queda redactado de la siguiente manera:

«Los acuerdos de la Junta de propietarios se sujetarán a las siguientes reglas:

1. La instalación de las infraestructuras comunes para el acceso a los servicios de telecomunicación regulados en el Real Decreto-ley 1/1998, de 27 de febrero, sobre infraestructuras comunes en los edificios para el acceso a los servicios de telecomunicación, o la adaptación de los existentes, así como la instalación de sistemas comunes o privativos, de aprovechamiento de energías renovables, o bien de las infraestructuras necesarias para acceder a nuevos suministros energéticos colectivos, podrá ser acordada, a petición de cualquier propietario, por un tercio de los integrantes de la comunidad que representen, a su vez, un tercio de las cuotas de participación.

La comunidad no podrá repercutir el coste de la instalación o adaptación de dichas infraestructuras comunes, ni los derivados de su conservación y mantenimiento posterior, sobre aquellos propietarios que no hubieren votado expresamente en la Junta a favor del acuerdo. No obstante, si con posterioridad solicitasen el acceso a los servicios de telecomunicaciones o a los suministros energéticos, y ello requiera aprovechar las nuevas infraestructuras o las adaptaciones realizadas en las preexistentes, podrá autorizárseles siempre que abonen el importe que les hubiera correspondido, debidamente actualizado, aplicando el correspondiente interés legal.

No obstante lo dispuesto en el párrafo anterior respecto a los gastos de conservación y mantenimiento, la nueva infraestructura instalada tendrá la consideración, a los efectos establecidos en esta Ley, de elemento común.

2. Sin perjuicio de lo establecido en el artículo 10.1 b), la realización de obras o el establecimiento de nuevos servicios comunes que tengan por finalidad la supresión de barreras arquitectónicas que dificulten el acceso o movilidad de personas con discapacidad y, en todo caso, el establecimiento de los servicios de ascensor, incluso cuando impliquen la modificación del título constitutivo, o de los estatutos, requerirá el voto favorable de la mayoría de los propietarios, que, a su vez, representen la mayoría de las cuotas de participación.

Cuando se adopten válidamente acuerdos para la realización de obras de accesibilidad, la comunidad quedará obligada al pago de los gastos, aun cuando su importe repercutido anualmente exceda de doce mensualidades ordinarias de gastos comunes.

3. El establecimiento o supresión de los servicios de portería, conserjería, vigilancia u otros servicios comunes de interés general, supongan o no modificación del título constitutivo o de los estatutos, requerirán el voto favorable de las tres quintas partes del total de los propietarios que, a su vez, representen las tres quintas partes de las cuotas de participación.

Idéntico régimen se aplicará al arrendamiento de elementos comunes que no tengan asignado un uso específico en el inmueble y el establecimiento o supresión de equipos o sistemas, no recogidos en el apartado 1, que tengan por finalidad mejorar la eficiencia energética o hídrica del inmueble. En éste último caso, los acuerdos válidamente adoptados con arreglo a esta norma obligan a todos los propietarios. No obstante, si los equipos o sistemas tienen un aprovechamiento privativo, para la adopción del acuerdo bastará el voto favorable de un tercio de los integrantes de la comunidad que representen, a su vez, un tercio de las cuotas de participación, aplicándose, en este caso, el sistema de repercusión de costes establecido en dicho apartado.

4. Ningún propietario podrá exigir nuevas instalaciones, servicios o mejoras no requeridos para la adecuada conservación, habitabilidad, seguridad y accesibilidad del inmueble, según su naturaleza y características.

No obstante, cuando por el voto favorable de las tres quintas partes del total de los propietarios que, a su vez, representen las tres quintas partes de las cuotas de participación, se adopten válidamente acuerdos, para realizar innovaciones, nuevas instalaciones, servicios o mejoras no requeridos para la adecuada conservación, habitabilidad, seguridad y accesibilidad del inmueble, no exigibles y cuya cuota de instalación exceda del importe de tres mensualidades ordinarias de gastos comunes, el disidente no resultará obligado, ni se modificará su cuota, incluso en el caso de que no pueda privársele de la mejora o ventaja. Si el disidente desea, en cualquier tiempo, participar de las ventajas de la innovación, habrá de abonar su cuota en los gastos de realización y mantenimiento, debidamente actualizados mediante la aplicación del correspondiente interés legal.

No podrán realizarse innovaciones que hagan inservible alguna parte del edificio para el uso y disfrute de un propietario, si no consta su consentimiento expreso.

5. La instalación de un punto de recarga de vehículos eléctricos para uso privado en el aparcamiento del edificio, siempre que éste se ubique en una plaza individual de garaje, sólo requerirá la comunicación previa a la comunidad. El coste de dicha instalación y el consumo de electricidad correspondiente serán asumidos íntegramente por el o los interesados directos en la misma.

6. Los acuerdos no regulados expresamente en este artículo, que impliquen la aprobación o modificación de las reglas contenidas en el título constitutivo de la propiedad horizontal o en los estatutos de la comunidad, requerirán para su validez la unanimidad del total de los propietarios que, a su vez, representen el total de las cuotas de participación.

7. Para la validez de los demás acuerdos bastará el voto de la mayoría del total de los propietarios que, a su vez, representen la mayoría de las cuotas de participación. En segunda convocatoria serán válidos los acuerdos adoptados por la mayoría de los asistentes, siempre que ésta represente, a su vez, más de la mitad del valor de las cuotas de los presentes.

Cuando la mayoría no se pudiere lograr por los procedimientos establecidos en los apartados anteriores, el Juez, a instancia de parte deducida en el mes siguiente a la fecha de la segunda Junta, y oyendo en comparecencia los contradictores previamente citados, resolverá en equidad lo que proceda dentro de veinte días, contados desde la petición, haciendo pronunciamiento sobre el pago de costas.

8. Salvo en los supuestos expresamente previstos en los que no se pueda repercutir el coste de los servicios a aquellos propietarios que no hubieren votado expresamente en la Junta a favor del acuerdo, o en los casos en los que la modificación o reforma se haga para aprovechamiento privativo, se computarán como votos favorables de aquellos propietarios ausentes de la Junta, debidamente citados, quienes una vez informados del acuerdo adoptado por los presentes, conforme al procedimiento establecido en el artículo 9, no manifiesten su discrepancia mediante comunicación a quien ejerza las funciones de secretario de la comunidad en el plazo de 30 días naturales, por cualquier medio que permita tener constancia de la recepción.

9. Los acuerdos válidamente adoptados con arreglo a lo dispuesto en este artículo obligan a todos los propietarios.

10. En caso de discrepancia sobre la naturaleza de las obras a realizar resolverá lo procedente la Junta de propietarios. También podrán los interesados solicitar arbitraje o dictamen técnico en los términos establecidos en la Ley.

11. Las derramas para el pago de mejoras realizadas o por realizar en el inmueble serán a cargo de quien sea propietario en el momento de la exigibilidad de las cantidades afectas al pago de dichas mejoras.»

Seis El apartado 2 de la disposición adicional queda redactado en los siguientes términos:

«2. La dotación del fondo de reserva no podrá ser inferior, en ningún momento del ejercicio presupuestario, al mínimo legal establecido.

Las cantidades detraídas del fondo durante el ejercicio presupuestario para atender los gastos de las obras o actuaciones incluidas en el artículo 10 se computarán como parte integrante del mismo a efectos del cálculo de su cuantía mínima.

Al inicio del siguiente ejercicio presupuestario se efectuarán las aportaciones necesarias para cubrir las cantidades detraídas del fondo de reserva conforme a lo señalado en el párrafo anterior.»

(…)

Rehabilitación, regeneración ...

ELIMINACIÓN DE BARRERAS ARQUITECTÓNICAS Y ACCESIBILIDAD PARA DISCAPACITADOS

XI.-
LEY 15/1995, DE 30 DE MAYO, SOBRE LÍMITES DEL DOMINIO SOBRE INMUEBLES PARA ELIMINAR BARRERAS ARQUITECTÓNICAS A LAS PERSONAS CON DISCAPACIDAD

–BOE n.°129, de 31 de mayo de 1995–

JUAN CARLOS I
REY DE ESPAÑA

A todos los que la presente vieren y entendieren.
Sabed: Que las Cortes Generales han aprobado y Yo vengo en sancionar la siguiente Ley.

EXPOSICION DE MOTIVOS

El artículo 49 de la Constitución Española establece como uno de los principios que han de regir la política social y económica de los poderes públicos, el de llevar a cabo una política de integración de las personas con discapacidad amparándolas especialmente para el disfrute de los derechos que el Título I otorga a todos los ciudadanos. Entre estos derechos, el artículo 47 consagra el de disfrutar de una vivienda digna y adecuada. En consonancia con ambos preceptos constitucionales, la Ley 13/1982, de 7 de abril, de Integración Social de los Minusválidos, se ocupa de la movilidad y de las barreras arquitectónicas.

Dentro de este marco constitucional, y haciendo uso de la facultad que el artículo 33 de la Constitución le concede de delimitar el contenido del derecho de propiedad, en atención a su función social, el legislador ha dado ya buena muestra de su decidida voluntad de facilitar la movilidad de las personas minusválidas mediante la progresiva eliminación de las barreras arquitectónicas. En esta línea cabe citar la Ley 3/1990, de 21 de junio, que modifica la Ley 49/1960, de 21 de julio, de Propiedad Horizontal, suavizando el régimen de adopción de acuerdos por las juntas de propietarios para la realización de obras de supresión de barreras arquitectónicas, y la Ley 29/1994, de 24 de noviembre, de Arrendamientos Urbanos, que en su artículo 24 faculta a los arrendatarios con minusvalía a efectuar reformas en el interior de la vivienda para mejorar su habitabilidad.

La presente Ley pretende dar un paso más en este camino, ampliando el ámbito de la protección y estableciendo un procedimiento que tiene como objetivo, que el interesado y el propietario o la comunidad o mancomunidad de propietarios lleguen a un acuerdo sobre la forma de ejecución de las obras de adaptación.

ART. 1.

1. La presente Ley tiene por objeto, de acuerdo con la función social que ha de cumplir la propiedad, hacer efectivo a las personas minusválidas el derecho de los españoles a disfrutar de una vivienda digna y adecuada, de conformidad con los artículos 47 y 49 de la Constitución Española y, en consecuencia, con lo establecido en la Ley 13/1982, de 7 de abril, de Integración Social de los Minusválidos.

2. Las obras de adecuación de fincas urbanas ocupadas por personas minusválidas que impliquen reformas en su interior, si están destinadas a usos distintos del de la vivienda, o modificación de elementos comunes del edificio que sirvan de paso necesario entre la finca urbana y la vía pública, tales como escaleras, ascensores, pasillos, portales o cualquier otro elemento arquitectónico, o las necesarias para la instalación de dispositivos electrónicos que favorezcan su comunicación con el exterior, se realizarán de acuerdo con lo prevenido en la presente Ley.

3. Los derechos que esta Ley reconoce a las personas con minusvalía física podrán ejercitarse por los mayores de setenta años sin que sea necesario que acrediten su discapacidad con certificado de minusvalía.

ART. 2.

1. Serán beneficiarios de las medidas previstas en la presente Ley, quienes, padeciendo una minusvalía de las descritas en el artículo siguiente, sean titulares de fincas urbanas en calidad de propietarios, arrendatarios, subarrendatarios o usufructuarios, o sean usuarios de las mismas.

2. A los efectos de esta Ley se considera usuario al cónyuge, a la persona que conviva con el titular de forma permanente en análoga relación de afectividad, con independencia de su orientación sexual, y a los familiares que con él convivan.

Igualmente se considerarán usuarios a los trabajadores minusválidos vinculados por una relación laboral con el titular.

3. Quedan exceptuadas del ámbito de aplicación de esta Ley las obras de adecuación del interior de las viviendas instadas por los arrendatarios de las mismas que tengan la condición de minusválidos o que convivan con personas que ostenten dicha condición en los términos del artículo 24 de la Ley 29/1994, de 24 de noviembre, de Arrendamientos Urbanos, que se regirán por ésta.

ART. 3.

1. Los titulares y usuarios a los que se refiere el artículo anterior tendrán derecho a promover y llevar a cabo las obras de adecuación de la finca urbana y de los accesos a la misma desde la vía pública, siempre que concurran los siguientes requisitos:

a) Ser el titular o el usuario de la vivienda minusválido con disminución permanente para andar, subir escaleras o salvar barreras arquitectónicas, se precise o no el uso de prótesis o de silla de ruedas.

b) Ser necesarias las obras de reforma en el interior de la finca urbana o en los pasos de comunicación con la vía pública para salvar barreras arquitectónicas, de modo que se permita su adecuado y fácil uso por minusválidos, siempre que las obras no afecten a la estructura o fábrica del edificio, que no menoscaben la resistencia de los materiales empleados en la construcción y que sean razonablemente compatibles con las características arquitectónicas e históricas del edificio.

2. El cumplimiento de los requisitos establecidos en el párrafo anterior se acreditará mediante las correspondientes certificaciones oficiales del Registro Civil o de la autoridad administrativa competente. La certificación de la condición de minusválido será acreditada por la Administración competente.

ART. 4.

1. El titular o, en su caso, el usuario notificará por escrito al propietario, a la comunidad o a la mancomunidad de propietarios, la necesidad de ejecutar las obras de adecuación por causa de minusvalía. Se acompañará al escrito de notificación las certificaciones a que se refiere el artículo anterior, así como el proyecto técnico detallado de las obras a realizar.

2. En el caso de que el usuario sea trabajador minusválido por cuenta ajena y las obras hayan de realizarse en el interior del centro de trabajo, la notificación a que se refiere el párrafo anterior se realizará, además, al empresario.

ART. 5.

En el plazo máximo de sesenta días el propietario, la comunidad o la mancomunidad de propietarios y, en su caso, el empresario comunicarán por escrito al solicitante su consentimiento o su oposición razonada a la ejecución de las obras; también podrán proponer las soluciones alternativas que estimen pertinentes. En este último supuesto, el solicitante deberá comunicar su conformidad o disconformidad con anterioridad al ejercicio de las acciones previstas en el artículo siguiente.

Transcurrido dicho plazo sin efectuar la expresada comunicación, se entenderá consentida la ejecución de las obras de adecuación, que podrán iniciarse una vez obtenidas las autorizaciones administrativas precisas.

La oposición comunicada fuera de plazo carecerá de eficacia y no impedirá la realización de las obras.

ART. 6.

1. Comunicada en el tiempo y forma señalados la oposición a la ejecución de las obras de adecuación, o no aceptadas las soluciones alternativas propuestas, el titular o usuario de la finca urbana podrá acudir en defensa de su derecho a la jurisdicción civil.

El procedimiento se sustanciará por los trámites del juicio verbal.

Acreditados los requisitos establecidos en la presente Ley, mediante las oportunas certificaciones, el juez dictará sentencia reconociendo el derecho a ejecutar las obras en beneficio de las personas discapacitadas, pudiendo, no obstante, declarar procedente alguna o parte de las alternativas propuestas por la parte demandada.

2. Las sentencias dictadas en estos juicios verbales serán recurribles conforme al régimen establecido en la Ley de Enjuiciamiento Civil, con la única salvedad de que el recurso de apelación se interpondrá en un solo efecto.

ART. 7.

Los gastos que originen las obras de adecuación de la finca urbana o de sus elementos comunes correrán a cargo del solicitante de las mismas, sin perjuicio de las ayudas, exenciones o subvenciones que pueda obtener, de conformidad con la legislación vigente.

Las obras de adecuación realizadas quedarán en beneficio de la propiedad de la finca urbana.

No obstante, en el caso de reformas en el interior, el propietario podrá exigir su reposición al estado anterior.

DISPOSICIONES ADICIONALES

D.A. ÚNICA.

Las obras de adaptación en el interior de las viviendas, que pretendan realizar los usufructuarios con minusvalías y las personas mayores de setenta años sean o no minusválidas, se someterán al régimen previsto en el artículo 24 de la Ley 29/1994, de 24 de noviembre, de Arrendamientos Urbanos.

DISPOSICIONES FINALES

D.F. ÚNICA.

La presente Ley se dicta al amparo del artículo 149.1.8.ª de la Constitución y será de aplicación en defecto de las normas dictadas por las Comunidades Autónomas en ejercicio de sus competencias en materia de Derecho Civil, foral o especial, de conformidad con lo establecido en los Estatutos de Autonomía.

Por tanto,
Mando a todos los españoles, particulares y autoridades que guarden y hagan guardar esta Ley.

Madrid, 30 de mayo de 1995.

JUAN CARLOS R.

El Presidente del Gobierno,
FELIPE GONZÁLEZ MÁRQUEZ

Accesibilidad
discapacitados

XII.-
REAL DECRETO LEGISLATIVO 1/2013, DE 29 DE NOVIEMBRE, POR EL QUE SE APRUEBA EL TEXTO REFUNDIDO DE LA LEY GENERAL DE DERECHOS DE LAS PERSONAS CON DISCAPACIDAD Y DE SU INCLUSIÓN SOCIAL

–BOE N.º 289 de 3 de diciembre de 2013–

(Extracto: arts. 1 a 5, 22, 23, 25, 26, 33, 34, 63 a 66, 74 a 88, D.A. 1.ª, 2.ª, 3.ª, 8.ª y 9.ª)

Las personas con discapacidad conforman un grupo vulnerable y numeroso al que el modo en que se estructura y funciona la sociedad ha mantenido habitualmente en conocidas condiciones de exclusión. Este hecho ha comportado la restricción de sus derechos básicos y libertades condicionando u obstaculizando su desarrollo personal, así como el disfrute de los recursos y servicios disponibles para toda la población y la posibilidad de contribuir con sus capacidades al progreso de la sociedad.

El anhelo de una vida plena y la necesidad de realización personal mueven a todas las personas, pero esas aspiraciones no pueden ser satisfechas si se hallan restringidos o ignorados los derechos a la libertad, la igualdad y la dignidad. Este es el caso en que se encuentran aún hoy mujeres y hombres con discapacidad, quienes, a pesar de los innegables progresos sociales alcanzados, ven limitados esos derechos en el acceso o uso de entornos, procesos o servicios que o bien no han sido concebidos teniendo en cuenta sus necesidades específicas o bien se revelan expresamente restrictivos a su participación en ellos.

Existe, pues, un variado y profuso conjunto de impedimentos que privan a las personas con discapacidad del pleno ejercicio de sus derechos y los efectos de estos obstáculos se materializan en una situación de exclusión social, que debe ser inexcusablemente abordada por los poderes públicos.

El impulso de las medidas que promuevan la igualdad de oportunidades suprimiendo los inconvenientes que se oponen a la presencia integral de las personas con discapacidad concierne a todos los ciudadanos, organizaciones y entidades, pero, en primer lugar, al legislador, que ha de recoger las necesidades detectadas y proponer las soluciones y las líneas generales de acción más adecuadas. Como ya se ha demostrado con anterioridad, es necesario que el marco normativo y las acciones públicas en materia de discapacidad intervengan en la organización social y en sus expresiones materiales o relacionales que con sus estructuras y actuaciones segregadoras postergan o apartan a las personas con discapacidad de la vida social ordinaria, todo ello con el objetivo último de que éstas puedan ser partícipes, como sujetos activos titulares de derechos, de una vida en iguales condiciones que el resto de los ciudadanos.

En este sentido, la Ley 13/1982, de 7 de abril, de integración social de las personas con discapacidad, fue la primera ley aprobada en España dirigida a regular la atención y los apoyos a las personas con discapacidad y sus familias, en el marco de los artículos 9, 10, 14 y 49 de la Constitución, y supuso un avance relevante para la época.

La Ley 13/1982, de 7 de abril, participaba ya de la idea de que el amparo especial y las medidas de equiparación para garantizar los derechos de las personas con discapacidad debía basarse en apoyos complementarios, ayudas técnicas y servicios especializados que les permitieran llevar una vida normal en su entorno. Estableció un sistema de prestaciones económicas y servicios, medidas de integración laboral, de accesibilidad y subsidios económicos, y una serie de principios que posteriormente se incorporaron a las leyes de sanidad, educación y empleo.

Posteriormente, la Ley 51/2003, de 2 de diciembre, de igualdad de oportunidades, no discriminación y accesibilidad universal de las personas con discapacidad, supuso un renovado impulso a las políticas de equiparación de las personas con discapacidad, centrándose especialmente en dos estrategias de intervención: la lucha contra la discriminación y la accesibilidad universal.

La propia Ley 51/2003, de 2 de diciembre, preveía el establecimiento de un régimen de infracciones y sanciones que se hizo realidad con la aprobación de la Ley 49/2007, de 26 de diciembre, por la que se establece el régimen de infracciones y sanciones en materia de igualdad de oportunidades, no discriminación y accesibilidad universal de las personas con discapacidad.

Asimismo, y aunque no es objeto de la tarea de refundición de esta norma, es necesario destacar en la configuración del marco legislativo de los derechos de las personas con discapacidad, la Ley 27/2007, de 23 de octubre, por la que se reconocen las lenguas de signos españolas y se regulan los medios de apoyo a la comunicación oral de las personas sordas, con discapacidad auditiva y sordociegas, que reconoce el derecho de libre opción de las personas sordas, con discapacidad auditiva y sordociegas al aprendizaje, conocimiento y uso de las lenguas de signos españolas, y a los distintos medios de apoyo a la comunicación oral, lo que constituye un factor esencial para su inclusión social.

Finalmente, es imprescindible hacer referencia a la Convención Internacional sobre los derechos de las personas con discapacidad, aprobada el 13 de diciembre de 2006 por la Asamblea General de las Naciones Unidas (ONU), ratificada por España el 3 de diciembre de 2007 y que entró en vigor el 3 de mayo de 2008. La Convención supone la consagración del enfoque de derechos de las personas con discapacidad, de modo que considera a las personas con discapacidad como sujetos titulares de derechos y los poderes públicos están obligados a garantizar que el ejercicio de esos derechos sea pleno y efectivo.

La labor de refundición, regularizando, aclarando y armonizando las tres leyes citadas, que es mandato de la disposición final segunda de la Ley 26/2011, de 1 de agosto, de adaptación normativa a la Convención Internacional sobre los derechos de las personas con discapacidad, en la redacción dada por la disposición final quinta de la Ley 12/2012, de 26 de diciembre, de medidas urgentes de liberalización del comercio y de determinados servicios, resulta necesaria dadas las modificaciones que han experimentado en estos años, así como el sustancial cambio del marco normativo de los derechos de las personas con discapacidad. Esta tarea ha tenido como referente principal la mencionada Convención Internacional. Por ello, además de revisar los principios que informan la ley conforme a lo previsto en la Convención, en su estructura se dedica un título específico a determinados derechos de las personas con discapacidad. También se reconoce expresamente que el ejercicio de los derechos de las personas con discapacidad se realizará de acuerdo con el principio de libertad en la toma de decisiones.

En la elaboración de este texto refundido han sido consultadas las comunidades autónomas y las ciudades de Ceuta y Melilla, y se ha sometido al informe previo y preceptivo del Consejo Nacional de la Discapacidad. Se ha dado audiencia a los sectores afectados y se ha sometido a informe previo de la Agencia Española de Protección de Datos.

Esta norma se dicta en aplicación de lo previsto en la disposición final segunda de la Ley 26/2011, de 1 de agosto, de adaptación normativa a la Convención Internacional sobre los derechos de las personas con discapacidad.

En su virtud, a propuesta de la Ministra de Sanidad, Servicios Sociales e Igualdad, de acuerdo con el Consejo de Estado y previa deliberación del Consejo de Ministros en su reunión del día 29 de noviembre de 2013,

DISPONGO:

ART. ÚNICO. Aprobación del Texto Refundido de la Ley General de derechos de las personas con discapacidad y de su inclusión social.

Se aprueba el Texto Refundido de la Ley General de derechos de las personas con discapacidad y de su inclusión social, que se inserta a continuación.

DISPOSICIONES ADICIONALES

D.A. UNICA. Remisiones normativas.

Las referencias normativas efectuadas en otras disposiciones a la Ley 13/1982, de 7 de abril, de integración social de las personas con discapacidad, a la Ley 51/2003, de 2 de diciembre, de igualdad de oportunidades, no discriminación y accesibilidad universal de las personas con discapacidad, o a la Ley 49/2007, de 26 de diciembre, de infracciones y sanciones en materia de igualdad de oportunidades no discriminación y accesibilidad universal de las personas con discapacidad, se entenderán efectuadas a los preceptos correspondientes del texto refundido que se aprueba.

DISPOSICIONES DEROGATORIAS

D.DT. UNICA. Derogación normativa.

Quedan derogadas cuantas disposiciones de igual o inferior rango se opongan a lo dispuesto en el texto refundido de la Ley general de derechos de las personas con discapacidad y de su inclusión social, y en particular, por integrarse en dicho texto refundido:

a) La Ley 13/1982, de 7 de abril, de integración social de las personas con discapacidad.

b) La Ley 51/2003, de 2 de diciembre, de igualdad de oportunidades, no discriminación y accesibilidad universal de las personas con discapacidad.

c) La Ley 49/2007, de 26 de diciembre, por la que se establece el régimen de infracciones y sanciones en materia de igualdad de oportunidades, no discriminación y accesibilidad universal de las personas con discapacidad.

DISPOSICIONES FINALES

D.F. UNICA. Entrada en vigor.

El presente real decreto legislativo y el texto refundido que aprueba entrarán en vigor el día siguiente al de su publicación en el «Boletín Oficial del Estado».

Dado en Madrid, el 29 de noviembre de 2013.

JUAN CARLOS R.

La Ministra de Sanidad, Servicios Sociales e Igualdad,
ANA MATO ADROVER

TÍTULO PRELIMINAR
Disposiciones generales

CAPÍTULO I
Objeto, definiciones y principios

ART. 1. Objeto de esta ley.

Esta ley tiene por objeto:

a) Garantizar el derecho a la igualdad de oportunidades y de trato, así como el ejercicio real y efectivo de derechos por parte de las personas con discapacidad en igualdad de condiciones respecto del resto de ciudadanos y ciudadanas, a través de la promoción de la autonomía personal, de la accesibilidad universal, del acceso al empleo, de la inclusión en la comunidad y la vida independiente y de la erradicación de toda forma de discriminación, conforme a los artículos 9.2, 10, 14 y 49 de la Constitución Española y a la Convención Internacional sobre los Derechos de las Personas con Discapacidad y los tratados y acuerdos internacionales ratificados por España.

b) Establecer el régimen de infracciones y sanciones que garantizan las condiciones básicas en materia de igualdad de oportunidades, no discriminación y accesibilidad universal de las personas con discapacidad.

ART. 2. Definiciones.

A efectos de esta ley se entiende por:

a) Discapacidad: es una situación que resulta de la interacción entre las personas con deficiencias previsiblemente permanentes y cualquier tipo de barreras que limiten o impidan su participación plena y efectiva en la sociedad, en igualdad de condiciones con las demás.

b) Igualdad de oportunidades: es la ausencia de toda discriminación, directa o indirecta, por motivo de o por razón de discapacidad, incluida cualquier distinción, exclusión o restricción que tenga el propósito o el efecto de obstaculizar o dejar sin efecto el reconocimiento, goce o ejercicio en igualdad de condiciones por las personas con discapacidad, de todos los derechos humanos y libertades fundamentales en los ámbitos político, económico, social, laboral, cultural, civil o de otro tipo. Asimismo, se entiende por igualdad de oportunidades la adopción de medidas de acción positiva.

c) Discriminación directa: es la situación en que se encuentra una persona con discapacidad cuando es tratada de manera menos favorable que otra en situación análoga por motivo de o por razón de su discapacidad.

d) Discriminación indirecta: existe cuando una disposición legal o reglamentaria, una cláusula convencional o contractual, un pacto individual, una decisión unilateral o un criterio o práctica, o bien un entorno, producto o servicio, aparentemente neutros, puedan ocasionar una desventaja particular a una persona respecto de otras por motivo de o por razón de discapacidad, siempre que objetivamente no respondan a una finalidad legítima y que los medios para la consecución de esta finalidad no sean adecuados y necesarios.

e) Discriminación por asociación: existe cuando una persona o grupo en que se integra es objeto de un trato discriminatorio debido a su relación con otra por motivo o por razón de discapacidad.

f) Acoso: es toda conducta no deseada relacionada con la discapacidad de una persona, que tenga como objetivo o consecuencia atentar contra su dignidad o crear un entorno intimidatorio, hostil, degradante, humillante u ofensivo.

g) Medidas de acción positiva: son aquellas de carácter específico consistentes en evitar o compensar las desventajas derivadas de la discapacidad y destinadas a acelerar o lograr la igualdad de hecho de las personas con discapacidad y su participación plena en los ámbitos de la vida política, económica, social, educativa, laboral y cultural, atendiendo a los diferentes tipos y grados de discapacidad.

h) Vida independiente: es la situación en la que la persona con discapacidad ejerce el poder de decisión sobre su propia existencia y participa activamente en la vida de su comunidad, conforme al derecho al libre desarrollo de la personalidad.

i) Normalización: es el principio en virtud del cual las personas con discapacidad deben poder llevar una vida en igualdad de condiciones, accediendo a los mismos lugares, ámbitos, bienes y servicios que están a disposición de cualquier otra persona.

j) Inclusión social: es el principio en virtud del cual la sociedad promueve valores compartidos orientados al bien común y a la cohesión social, permitiendo que todas las personas con discapacidad tengan las oportunidades y recursos necesarios para participar plenamente en la vida política, económica, social, educativa, laboral y cultural, y para disfrutar de unas condiciones de vida en igualdad con los demás.

k) Accesibilidad universal: es la condición que deben cumplir los entornos, procesos, bienes, productos y servicios, así como los objetos, instrumentos, herramientas y dispositivos para ser comprensibles, utilizables y practicables por todas las personas en condiciones de seguridad y comodidad y de la forma más autónoma y natural posible. En la accesibilidad universal está incluida la accesibilidad cognitiva para permitir la fácil comprensión, la comunicación e interacción a todas las personas. La accesibilidad cognitiva se despliega y hace efectiva a través de la lectura fácil, sistemas alternativos y aumentativos de comunicación, pictogramas y otros medios humanos y tecnológicos disponibles para tal fin. Presupone la estrategia de «diseño universal o diseño para todas las personas», y se entiende sin perjuicio de los ajustes razonables que deban adoptarse.

l) Diseño universal o diseño para todas las personas: es la actividad por la que se conciben o proyectan desde el origen, y siempre que ello sea posible, entornos, procesos, bienes, productos, servicios, objetos, instrumentos, programas, dispositivos o herramientas, de tal forma que puedan ser utilizados por todas las personas, en la mayor extensión posible, sin necesidad de adaptación ni diseño especializado. El «diseño universal o diseño para todas las personas» no excluirá los productos de apoyo para grupos particulares de personas con discapacidad, cuando lo necesiten.

m) Ajustes razonables: son las modificaciones y adaptaciones necesarias y adecuadas del ambiente físico, social y actitudinal a las necesidades específicas de las personas con discapacidad que no impongan una carga desproporcionada o indebida, cuando se requieran en un caso particular de manera eficaz y práctica, para facilitar la accesibilidad y la participación y para garantizar a las personas con discapacidad el goce o ejercicio, en igualdad de condiciones con las demás, de todos los derechos.

n) Diálogo civil: es el principio en virtud del cual las organizaciones representativas de personas con discapacidad y de sus familias participan, en los términos que establecen las leyes y demás disposiciones normativas, en la elaboración, ejecución, seguimiento y evaluación de las políticas oficiales que se desarrollan en la esfera de las personas con discapacidad, las cuales garantizarán, en todo caso, el derecho de los niños y las niñas con discapacidad a expresar su opinión libremente sobre todas las cuestiones que les afecten y a recibir asistencia apropiada con arreglo a su discapacidad y edad para poder ejercer ese derecho.

o) Transversalidad de las políticas en materia de discapacidad: es el principio en virtud del cual las actuaciones que desarrollan las Administraciones Públicas no se limitan únicamente a planes, programas y acciones específicos, pensados exclusivamente para estas personas, sino que comprenden las políticas y líneas de acción de carácter general en cualquiera de los ámbitos de actuación pública, en donde se tendrán en cuenta las necesidades y demandas de las personas con discapacidad.

Letra k) se modifica por Ley 6/2022, de 31 de marzo, de modificación del Texto Refundido de la Ley General de derechos de las personas con discapacidad y de su inclusión social, aprobado por el Real Decreto Legislativo 1/2013, de 29 de noviembre, para establecer y regular la accesibilidad cognitiva y sus condiciones de exigencia y aplicación. (BOE de 01-04-2022).

ART. 3. Principios.

Los principios de esta ley serán:

a) El respeto de la dignidad inherente, la autonomía individual, incluida la libertad de tomar las propias decisiones, y la independencia de las personas.

b) La vida independiente.

c) La no discriminación.

d) El respeto por la diferencia y la aceptación de las personas con discapacidad como parte de la diversidad y la condición humanas.

e) La igualdad de oportunidades.

f) La igualdad entre mujeres y hombres.

g) La normalización.

h) La accesibilidad universal.

i) Diseño universal o diseño para todas las personas.

j) La participación e inclusión plenas y efectivas en la sociedad.

k) El diálogo civil.

l) El respeto al desarrollo de la personalidad de las personas con discapacidad, y, en especial, de las niñas y los niños con discapacidad y de su derecho a preservar su identidad.

m) La transversalidad de las políticas en materia de discapacidad.

CAPÍTULO II
Ámbito de aplicación

ART. 4. Titulares de los derechos.

1. Son personas con discapacidad aquellas que presentan deficiencias físicas, mentales, intelectuales o sensoriales, previsiblemente permanentes que, al interactuar con diversas barreras, puedan impedir su participación plena y efectiva en la sociedad, en igualdad de condiciones con los demás.

Las disposiciones normativas de los poderes y las Administraciones públicas, las resoluciones, actos, comunicaciones y manifestaciones de estas y de sus autoridades y agentes, cuando actúen en calidad de tales, utilizarán los términos "persona con discapacidad" o "personas con discapacidad" para denominarlas.

2. Además de lo establecido en el apartado anterior, a los efectos de esta ley, tendrán la consideración de personas con discapacidad aquellas a quienes se les haya reconocido un grado de discapacidad igual o superior al 33 por ciento.

Sin perjuicio de lo anterior, a los efectos de la sección 1.ª del capítulo V y del capítulo VIII del título I, así como del título II, se considerará que presentan una discapacidad en grado igual o superior al 33 por ciento las personas pensionistas de la Seguridad Social que tengan reconocida una pensión de incapacidad permanente en el grado de total, absoluta o gran invalidez y las personas pensionistas de clases pasivas que tengan reconocida una pensión de jubilación o de retiro por incapacidad permanente para el servicio o inutilidad.

3. El reconocimiento del grado de discapacidad deberá ser efectuado por el órgano competente en los términos desarrollados reglamentariamente.

La acreditación del grado de discapacidad se realizará en los términos establecidos reglamentariamente y tendrá validez en todo el territorio nacional.

4. A efectos del reconocimiento del derecho a los servicios de prevención de deficiencias y de intensificación de discapacidades se asimilan a dicha situación los estados previos, entendidos como procesos en evolución que puedan llegar a ocasionar una limitación en la actividad.

5. Los servicios, prestaciones y demás beneficios previstos en esta ley se otorgarán a los extranjeros de conformidad con lo previsto en la Ley Orgánica 4/2000, de 11 de enero, sobre derechos y libertades de los extranjeros en España y su integración social, en los tratados internacionales y en los convenios que se establezcan con el país de origen. Para los menores extranjeros se estará además a lo dispuesto en las leyes de protección de los derechos de los menores vigentes, tanto en el ámbito estatal como en el autonómico, así como en los tratados internacionales.

6. El Gobierno extenderá la aplicación de las prestaciones económicas previstas en esta ley a los españoles residentes en el extranjero, siempre que carezcan de protección equiparable en el país de residencia, en la forma y con los requisitos que reglamentariamente se determinen.

Apdos. 1 y 2 modificados por Ley 3/2023, de 28 de febrero, de Empleo. (BOE de 01/03/2023).

ART. 5. Ámbito de aplicación en materia de igualdad de oportunidades, no discriminación y accesibilidad universal.

Las medidas específicas para garantizar la igualdad de oportunidades, la no discriminación y la accesibilidad universal, conforme a lo estipulado en la letra k) del artículo 2, se aplicarán, además de a los derechos regulados en el título I, en los ámbitos siguientes:

a) Telecomunicaciones y sociedad de la información.
b) Espacios públicos urbanizados, infraestructuras y edificación.
c) Transportes.
d) Bienes y servicios a disposición del público.
e) Relaciones con las administraciones públicas, incluido el acceso a las prestaciones públicas y a las resoluciones administrativas de aquellas.
f) Administración de justicia.
g) Participación en la vida pública y en los procesos electorales.
h) Patrimonio cultural, de conformidad con lo previsto en la legislación de patrimonio histórico, siempre con el propósito de conciliar los valores de protección patrimonial y de acceso, goce y disfrute por parte de las personas con discapacidad.
i) Empleo.

Modificado por Ley 6/2022, de 31 de marzo, de modificación del Texto Refundido de la Ley General de derechos de las personas con discapacidad y de su inclusión social, aprobado por el Real Decreto Legislativo 1/2013, de 29 de noviembre, para establecer y regular la accesibilidad cognitiva y sus condiciones de exigencia y aplicación. (BOE de 01-04-2022).

(…)

CAPÍTULO V
Derecho a la vida independiente

Sección 1.ª Disposiciones generales

ART. 22. Accesibilidad.

1. Las personas con discapacidad tienen derecho a vivir de forma independiente y a participar plenamente en todos los aspectos de la vida. Para ello, los poderes públicos adoptarán las medidas pertinentes para asegurar la accesibilidad universal, en igualdad de condiciones con

Accesibilidad discapacitados

las demás personas, en los entornos, procesos, bienes, productos y servicios, el transporte, la información y las comunicaciones, incluidos los sistemas y las tecnologías de la información y las comunicaciones, así como los medios de comunicación social y en otros servicios e instalaciones abiertos al público o de uso público, tanto en zonas urbanas como rurales.

2. En el ámbito del empleo, las condiciones básicas de accesibilidad y no discriminación a las que se refiere este capítulo serán de aplicación con carácter supletorio respecto a lo previsto en la legislación laboral.

ART. 23. Condiciones básicas de accesibilidad y no discriminación.

1. El Gobierno, sin perjuicio de las competencias atribuidas a las comunidades autónomas y a las entidades locales, regulará las condiciones básicas de accesibilidad y no discriminación que garanticen los mismos niveles de igualdad de oportunidades a todas las personas con discapacidad.

Toda referencia a accesibilidad y a accesibilidad universal en esta ley, se entiende que incluye la accesibilidad cognitiva, conforme a lo estipulado en la letra k) del artículo 2.

Dicha regulación será gradual en el tiempo y en el alcance y contenido de las obligaciones impuestas, y abarcará todos los ámbitos y áreas de las enumeradas en el artículo 5.

2. Las condiciones básicas de accesibilidad y no discriminación establecerán, para cada ámbito o área, medidas concretas para prevenir o suprimir discriminaciones, y para compensar desventajas o dificultades. Se incluirán disposiciones sobre, al menos, los siguientes aspectos:

a) Exigencias de accesibilidad de los edificios y entornos, de los instrumentos, equipos y tecnologías, y de los bienes y productos utilizados en el sector o área. En particular, la supresión de barreras a las instalaciones y la adaptación de equipos e instrumentos, así como la apropiada señalización en los mismos.

b) Condiciones más favorables en el acceso, participación y utilización de los recursos de cada ámbito o área y condiciones de no discriminación en normas, criterios y prácticas.

c) Apoyos complementarios, tales como ayudas económicas, productos y tecnologías de apoyo, servicios o tratamientos especializados, otros servicios personales, así como otras formas de apoyo personal o animal. En particular, ayudas y servicios auxiliares para la comunicación, como sistemas aumentativos y alternativos, braille, lectura fácil, pictogramas, dispositivos multimedia de fácil acceso, sistemas de apoyo a la comunicación oral y lengua de signos, sistemas de comunicación táctil y otros dispositivos que permitan la comunicación.

d) La adopción de normas internas en las empresas o centros que promuevan y estimulen la eliminación de desventajas o situaciones generales de discriminación a las personas con discapacidad, incluidos los ajustes razonables.

e) Planes y calendario para la implantación de las exigencias de accesibilidad y para el establecimiento de las condiciones más favorables y de no discriminación.

f) Recursos humanos y materiales para la promoción de la accesibilidad y la no discriminación en el ámbito de que se trate.

3. Las condiciones básicas de accesibilidad y no discriminación se establecerán teniendo en cuenta los diferentes tipos y grados de discapacidad que deberán orientar tanto el diseño inicial como los ajustes razonables de los entornos, productos y servicios de cada ámbito de aplicación de la ley.

Apdos. 1 y 2.c) modificados por Ley 6/2022, de 31 de marzo, de modificación del Texto Refundido de la Ley General de derechos de las personas con discapacidad y de su inclusión social, aprobado por el Real Decreto Legislativo 1/2013, de 29 de noviembre, para establecer y regular la accesibilidad cognitiva y sus condiciones de exigencia y aplicación. (BOE de 01-04-2022).

(…)

ART. 25. Condiciones básicas de accesibilidad y no discriminación en el ámbito de los espacios públicos urbanizados y edificación.

1. Las condiciones básicas de accesibilidad y no discriminación de las personas con discapacidad para el acceso y utilización de los espacios públicos urbanizados y edificaciones serán exigibles en los plazos y términos establecidos reglamentariamente.

No obstante, las condiciones previstas en el párrafo anterior serán exigibles para todos los espacios públicos urbanizados y edificaciones, de acuerdo con las condiciones y plazos máximos previstos en la disposición adicional tercera.1.

2. En el plazo de dos años desde la entrada en vigor de esta ley, el Gobierno deberá realizar los estudios integrales sobre la accesibilidad a los espacios públicos urbanizados y edificaciones, en lo que se considere más relevante desde el punto de vista de la no discriminación y de la accesibilidad universal.

Accesibilidad discapacitados

ART. 26. Normativa técnica de edificación.

1. Las normas técnicas sobre edificación incluirán previsiones relativas a las condiciones mínimas que deberán reunir los edificios de cualquier tipo para permitir la accesibilidad de las personas con discapacidad.

2. Todas estas normas deberán ser recogidas en la fase de redacción de los proyectos básicos, de ejecución y parciales, denegándose los visados oficiales correspondientes, bien de colegios profesionales o de oficinas de supervisión de las administraciones públicas competentes, a aquellos que no las cumplan.

(…)

ART. 33. Concepto de rehabilitación de la vivienda.

Se considerará rehabilitación de la vivienda, a efectos de la obtención de subvenciones y préstamos con subvención de intereses, las reformas que las personas con discapacidad o las unidades familiares o de convivencia con algún miembro con discapacidad tengan que realizar en su vivienda habitual y permanente para que ésta resulte accesible.

ART. 34. Otras medidas públicas de accesibilidad.

1. Las administraciones públicas habilitarán en sus presupuestos las consignaciones necesarias para la financiación de las adaptaciones en los inmuebles que de ellos dependan.

2. Al mismo tiempo, fomentarán la adaptación de los inmuebles de titularidad privada, mediante el establecimiento de ayudas, exenciones y subvenciones.

3. Además, las administraciones competentes en materia de urbanismo deberán considerar, y en su caso incluir, la necesidad de esas adaptaciones anticipadas, en los planes municipales de ordenación urbana que formulen o aprueben.

4. Los ayuntamientos deberán prever planes municipales de actuación, al objeto de adaptar las vías públicas, parques y jardines, a las normas aprobadas con carácter general, viniendo obligados a destinar un porcentaje de su presupuesto a dichos fines.

(…)

TÍTULO II
Igualdad de oportunidades y no discriminación

CAPÍTULO I
Derecho a la igualdad de oportunidades

ART. 63. Vulneración del derecho a la igualdad de oportunidades.

Se entenderá que se vulnera el derecho a la igualdad de oportunidades de las personas con discapacidad, definidas en el artículo 4.1, cuando, por motivo de o por razón de discapacidad, se produzcan discriminaciones directas o indirectas, discriminación por asociación, acosos, incumplimientos de las exigencias de accesibilidad y de realizar ajustes razonables, así como el incumplimiento de las medidas de acción positiva legalmente establecidas.

ART. 64. Garantías del derecho a la igualdad de oportunidades.

1. Con el fin de garantizar el derecho a la igualdad de oportunidades a las personas con discapacidad, los poderes públicos establecerán medidas contra la discriminación y medidas de acción positiva.

2. Las medidas de defensa, de arbitraje y de carácter judicial, contempladas en esta ley serán de aplicación a las situaciones previstas en el artículo 63, con independencia de la existencia de reconocimiento oficial de la situación de discapacidad o de su transitoriedad. En todo caso, las administraciones públicas velarán por evitar cualquier forma de discriminación que les afecte o pueda afectar.

3. Las garantías del derecho a la igualdad de oportunidades de las personas con discapacidad previstas en este título, tendrán carácter supletorio respecto a lo previsto en la legislación laboral.

ART. 65. Medidas contra la discriminación.

Se consideran medidas contra la discriminación aquellas que tengan como finalidad prevenir o corregir que una persona sea tratada de una manera directa o indirecta menos favorable que otra que no lo sea, en una situación análoga o comparable, por motivo de o por razón de discapacidad.

ART. 66. Contenido de las medidas contra la discriminación.

1. Las medidas contra la discriminación podrán consistir en prohibición de conductas discriminatorias y de acoso, exigencias de accesibilidad y exigencias de eliminación de obstáculos y de realizar ajustes razonables.

A estos efectos, se entiende por exigencias de accesibilidad los requisitos que deben cumplir los entornos, productos y servicios, así como las condiciones de no discriminación en normas, criterios y prácticas, con arreglo a los principios de accesibilidad universal y de diseño para todas las personas.

2. A efectos de determinar si un ajuste es razonable, de acuerdo con lo establecido en el artículo 2.m), se tendrán en cuenta los costes de la medida, los efectos discriminatorios que suponga para las personas con discapacidad su no adopción, la estructura y características de la persona, entidad u organización que ha de ponerla en práctica y la posibilidad que tenga de obtener financiación oficial o cualquier otra ayuda.

A este fin, las administraciones públicas competentes podrán establecer un régimen de ayudas públicas para contribuir a sufragar los costes derivados de la obligación de realizar ajustes razonables.

Las discrepancias entre el solicitante del ajuste razonable y el sujeto obligado podrán ser resueltas a través del sistema de arbitraje previsto en el artículo 74, sin perjuicio de la protección administrativa o judicial que en cada caso proceda.

(...)

CAPÍTULO II
Medidas de fomento y defensa

(...)

Sección 2.ª Medidas de defensa

ART. 74. Arbitraje.

1. Previa audiencia de los sectores interesados y de las organizaciones representativas de las personas con discapacidad y sus familias, el Gobierno establecerá un sistema arbitral que, sin formalidades especiales, atienda y resuelva con carácter vinculante y ejecutivo para ambas partes, las quejas o reclamaciones de las personas con discapacidad en materia de igualdad de oportunidades y no discriminación, siempre que no existan indicios racionales de delito, todo ello sin perjuicio de la protección administrativa y judicial que en cada caso proceda.

2. El sometimiento de las partes al sistema arbitral será voluntario y deberá constar expresamente por escrito.

3. Los órganos de arbitraje estarán integrados por representantes de los sectores interesados, de las organizaciones representativas de las personas con discapacidad y sus familias y de las administraciones públicas dentro del ámbito de sus competencias.

ART. 75. Tutela judicial y protección contra las represalias.

1. La tutela judicial del derecho a la igualdad de oportunidades de las personas con discapacidad comprenderá la adopción de todas las medidas que sean necesarias para poner fin a la violación del derecho y prevenir violaciones ulteriores, así como para restablecer al perjudicado en el ejercicio pleno de su derecho.

2. La indemnización o reparación a que pueda dar lugar la reclamación correspondiente no estará limitada por un tope máximo fijado «a priori». La indemnización por daño moral procederá aun cuando no existan perjuicios de carácter económico y se valorará atendiendo a las circunstancias de la infracción y a la gravedad de la lesión.

Accesibilidad discapacitados

3. Se adoptarán las medidas que sean necesarias para proteger a las personas físicas o jurídicas contra cualquier trato adverso o consecuencia negativa que pueda producirse como reacción ante una reclamación o ante un procedimiento destinado a exigir el cumplimiento del principio de igualdad de oportunidades.

ART. 76. Legitimación.

Sin perjuicio de la legitimación individual de las personas afectadas, las personas jurídicas legalmente habilitadas para la defensa de los derechos e intereses legítimos colectivos podrán actuar en un proceso en nombre e interés de las personas que así lo autoricen, con la finalidad de hacer efectivo el derecho de igualdad de oportunidades, defendiendo sus derechos individuales y recayendo en dichas personas los efectos de aquella actuación.

ART. 77. Criterios especiales sobre la prueba de hechos relevantes.

1. En aquellos procesos jurisdiccionales en que de las alegaciones de la parte actora se deduzca la existencia de indicios fundados de discriminación por motivo de o por razón de discapacidad, corresponderá a la parte demandada la aportación de una justificación objetiva y razonable, suficientemente probada, de la conducta y de las medidas adoptadas y de su proporcionalidad.

Cuando en el proceso jurisdiccional se haya suscitado una cuestión de discriminación por motivo de o por razón de discapacidad, el Juez o Tribunal, a instancia de parte, podrá recabar informe o dictamen de los organismos públicos competentes.

2. Lo establecido en el apartado anterior no es de aplicación a los procesos penales ni a los contencioso-administrativos interpuestos contra resoluciones sancionadoras.

TÍTULO III
Infracciones y sanciones en materia de igualdad de oportunidades, no discriminación y accesibilidad universal de las personas con discapacidad

CAPÍTULO I
Régimen común de infracciones y sanciones

ART. 78. Ámbito.

El régimen de infracciones y sanciones que se establece en este título será común en todo el territorio del Estado y será objeto de tipificación por el legislador autonómico, sin perjuicio de aquellas otras infracciones y sanciones que pueda establecer en el ejercicio de sus competencias.

Las comunidades autónomas establecerán un régimen de infracciones que garantice la plena protección de las personas con discapacidad, ajustándose a lo dispuesto en esta ley.

ART. 79. Sujetos.

1. Esta ley se aplicará a los responsables de la infracción, personas físicas o jurídicas, que incurran en las acciones u omisiones determinadas como infracción en esta ley y en la legislación autonómica correspondiente.

2. La responsabilidad será solidaria cuando sean varios los responsables y no sea posible determinar el grado de participación de cada uno de ellos en la comisión de la infracción.

Serán responsables subsidiarios o solidarios las personas físicas y jurídicas privadas por el incumplimiento de las obligaciones que conlleven el deber de prevenir la infracción administrativa cometida por otros.

Sección 1.ª Infracciones

ART. 80. Objeto de las infracciones.

A los efectos de esta ley, se considerarán infracciones administrativas las acciones y omisiones que ocasionen vulneraciones del derecho a la igualdad de oportunidades, no discriminación y accesibilidad universal en los ámbitos a los que se refiere el artículo 5, cuando se produzcan discriminaciones directas o indirectas, acosos, incumplimiento de las exigencias de accesibilidad y de realizar ajustes razonables, así como el incumplimiento de las medidas de acción positiva legalmente establecidas, especialmente cuando se deriven beneficios económicos para la persona infractora.

ART. 81. Infracciones.

1. Las infracciones se clasificarán en leves, graves o muy graves.

2. En todo caso, y sin perjuicio de lo que se establezca en la legislación autonómica, tendrán la consideración de infracciones leves, las conductas que incurran en cualquier incumplimiento que afecte a obligaciones meramente formales de lo establecido en esta ley y en sus normas de desarrollo.

3. En todo caso, y sin perjuicio de lo que se establezca en la legislación autonómica, tendrán la consideración de infracciones graves:

a) Los actos discriminatorios u omisiones que supongan directa o indirectamente un trato menos favorable a la persona con discapacidad en relación con otra persona que se encuentre en situación análoga o comparable.

b) El incumplimiento de las exigencias de accesibilidad, así como la negativa a adoptar las medidas de ajuste razonable, a que se refiere el artículo 66 así como en sus normas de desarrollo.

c) El incumplimiento de un requerimiento administrativo específico que formulen los órganos competentes para el ejercicio de las competencias necesarias para dar cumplimiento a las previsiones de esta ley.

d) Cualquier forma de presión ejercida sobre la persona con discapacidad o sobre otras personas físicas o jurídicas, que hayan entablado o pretendan entablar cualquier clase de acción legal.

4. En todo caso, y sin perjuicio de lo que se establezca en la legislación autonómica, tendrán la consideración de infracciones muy graves:

a) Toda conducta de acoso relacionada con la discapacidad en los términos del artículo 66 y en sus normas de desarrollo.

b) El incumplimiento reiterado de los requerimientos administrativos específicos que formulen los órganos competentes para el ejercicio de las competencias necesarias para dar cumplimiento a las previsiones de esta ley, y en sus normas de desarrollo.

c) Cualquier forma de presión ejercida sobre las autoridades en el ejercicio de las potestades administrativas que se ejerzan para la ejecución de las medidas previstas en esta ley, y en sus normas de desarrollo.

ART. 82. Prescripción de las infracciones.

Las infracciones a que se refiere este Título calificadas como leves prescribirán al año, las calificadas como graves a los tres años y las calificadas como muy graves a los cuatro años.

Sección 2.ª Sanciones

ART. 83. Sanciones.

1. Las infracciones serán sancionadas con multas que irán desde un mínimo de 301 euros hasta un máximo de 1.000.000 de euros.

2. Para las infracciones leves, la sanción no excederá en ningún caso de los 30.000 euros.

3. Para las infracciones graves, la sanción no excederá en ningún caso de los 90.000 euros.

ART. 84. Criterios de graduación de las sanciones.

1. Las sanciones se aplicarán en grado mínimo, medio y máximo con arreglo a los siguientes criterios:

a) Intencionalidad de la persona infractora.

b) Negligencia de la persona infractora.

c) Fraude o connivencia.

d) Incumplimiento de las advertencias previas.

e) Cifra de negocios o ingresos de la empresa o entidad.

f) Número de personas afectadas.

g) Permanencia o transitoriedad de las repercusiones de la infracción.

h) Reincidencia, por comisión en el término de un año de más de una infracción de la misma naturaleza cuando así haya sido declarado por resolución firme.

i) La alteración social producida por la realización de conductas discriminatorias y de acoso, la inobservancia o el incumplimiento de las exigencias de accesibilidad y de las exigencias de eliminación de obstáculos y de realizar ajustes razonables.

j) El beneficio económico que se hubiera generado para la persona autora de la infracción.

2. Cuando el perjudicado por la infracción sea una de las personas comprendidas en el artículo 67.1, la sanción podrá imponerse en la cuantía máxima del grado que corresponda.

3. Cuando de la comisión de una infracción derive necesariamente la comisión de otra u otras, se impondrá la sanción correspondiente a la infracción más grave.

ART. 85. Sanciones accesorias.

1. Cuando las infracciones sean graves o muy graves, los órganos competentes propondrán, además de la sanción que proceda, la prohibición de concurrir en procedimientos de otorgamiento de ayudas oficiales, consistentes en subvenciones o cualesquiera otras ayudas en el sector de actividad, en cuyo ámbito se produce la infracción, por un período máximo de un año, en el caso de las graves, y de dos, en el caso de las muy graves.

2. Cuando las infracciones sean muy graves, además los órganos competentes propondrán la supresión, cancelación o suspensión total o parcial de ayudas oficiales, consistentes en subvenciones y cualesquiera otras que la persona sancionada tuviese reconocidos en el sector de actividad en cuyo ámbito se produce la infracción.

3. La comisión de una infracción muy grave por las instituciones que presten servicios sociales podrá conllevar la inhabilitación para el ejercicio de las actividades de cuidado, tanto para personas físicas como jurídicas, por un plazo máximo de cinco años.

ART. 86. Consecuencias del incumplimiento en materia de acceso a bienes y servicios.

Sin perjuicio de otras acciones y derechos contemplados en la legislación civil y mercantil, la persona que, en el ámbito de aplicación del artículo 29 sufra una conducta discriminatoria por motivo de o por razón de discapacidad, tendrá derecho a indemnización por los daños y perjuicios sufridos.

ART. 87. Prescripción de las sanciones.

Las sanciones impuestas por faltas leves prescribirán al año, las impuestas por faltas graves a los cuatro años y las impuestas por faltas muy graves a los cinco años.

ART. 88. Cumplimiento de las obligaciones establecidas en esta ley y en la legislación autonómica.

El abono por parte del responsable de las multas impuestas como consecuencia de una sanción establecida en esta ley y la legislación autonómica correspondiente, no eximirá del cumplimiento de las obligaciones previstas en la normativa en materia de discapacidad que sea de aplicación.

(...)

DISPOSICIONES ADICIONALES

D.A. 1.ª Garantía del respeto al reparto de competencias constitucional y estatutariamente vigente.

Esta ley se aplicará sin perjuicio de las competencias exclusivas reconocidas a las comunidades autónomas en materia de asistencia social en sus respectivos Estatutos de Autonomía.

D.A. 2.ª Tratamiento de la información.

En las actuaciones previstas en esta ley que tengan relación con la recogida y tratamiento de datos de carácter personal se estará a lo previsto en la Ley Orgánica 15/1999, de 13 de diciembre, y su normativa de desarrollo.

D.A. 3.ª Exigibilidad de las condiciones básicas de accesibilidad y no discriminación.

1. Los supuestos y plazos máximos de exigibilidad de las condiciones básicas de accesibilidad y no discriminación, en todo caso, son los siguientes:

a) Para el acceso y utilización de las tecnologías, productos y servicios relacionados con la sociedad de la información y de cualquier medio de comunicación social:

Productos y servicios nuevos, incluidas las campañas institucionales que se difundan en soporte audiovisual: 4 de diciembre de 2009.

Productos y servicios existentes el 4 de diciembre de 2009, que sean susceptibles de ajustes razonables: 4 de diciembre de 2013.

b) Para el acceso y utilización de los espacios públicos urbanizados y edificaciones:

Espacios y edificaciones nuevos: 4 de diciembre de 2010.

Espacios y edificaciones existentes el 4 de diciembre de 2010, que sean susceptibles de ajustes razonables: 4 de diciembre de 2013.

c) Para el acceso y utilización de los medios de transporte:

Infraestructuras y material de transporte nuevos: 4 de diciembre de 2010.

Infraestructuras y material de transporte existentes el 4 de diciembre de 2010, que sean susceptibles de ajustes razonables: 4 de diciembre de 2017.

d) Los que deberán reunir las oficinas públicas, dispositivos y servicios de atención al ciudadano y aquellos de participación en los asuntos públicos, incluidos los relativos a la Administración de Justicia y a la participación en la vida política y los procesos electorales:

Entornos, productos y servicios nuevos: 4 de diciembre de 2008.

Corrección de toda disposición, criterio o práctica administrativa discriminatoria: 4 de diciembre de 2008.

Entornos, productos y servicios existentes el 4 de diciembre de 2008, y toda disposición, criterio o práctica: 4 de diciembre de 2017.

2. Los supuestos y plazos máximos de exigibilidad de las condiciones básicas de accesibilidad y no discriminación para el acceso y utilización de los bienes y servicios a disposición del público por las personas con discapacidad, en todo caso, son los siguientes:

Bienes y servicios nuevos que sean de titularidad pública: Desde la entrada en vigor del real decreto que regule las condiciones básicas de accesibilidad y no discriminación para el acceso y utilización de los bienes y servicios a disposición del público.

Bienes y servicios nuevos que sean de titularidad privada que concierten o suministren las administraciones públicas: Desde la entrada en vigor del real decreto que regule las condiciones básicas de accesibilidad y no discriminación para el acceso y utilización de los bienes y servicios a disposición del público.

Bienes y servicios nuevos que sean de titularidad privada y que no concierten o suministren las administraciones públicas: 4 de diciembre de 2015.

Bienes y servicios existentes el 4 de diciembre de 2010, que sean susceptibles de ajustes razonables, cuando sean bienes y servicios de titularidad pública: 4 de diciembre de 2015.

Bienes y servicios existentes el 4 de diciembre de 2012, que sean susceptibles de ajustes razonables, cuando sean bienes y servicios de titularidad privada que concierten o suministren las administraciones públicas: 4 de diciembre de 2015.

Bienes y servicios existentes el 4 de diciembre de 2015, que sean susceptibles de ajustes razonables, cuando sean bienes y servicios de titularidad privada que no concierten o suministren las administraciones públicas: 4 de diciembre de 2017.

(…)

D.A. 8.ª Infracciones en materia de accesibilidad y ajustes razonables.

La aplicación de lo dispuesto en los artículos 81.3.b, 95.2.a, 95.3.e, 95.3.f, 95.3.g, 95.4.f y 95.4.g, en cuanto se derive del incumplimiento de las exigencias de accesibilidad o negativa a adoptar un ajuste razonable, quedará sujeta a lo dispuesto en los artículos 24, 25, 27, 28 y 29 y sus correspondientes desarrollos normativos.

D.A. 9.ª Revisión de la cuantía de las sanciones.

Las cuantías de las sanciones establecidas en los artículos 83 y 96, podrán ser revisadas y actualizadas periódicamente por el Gobierno mediante real decreto, previo informe de las comunidades autónomas y del Consejo Nacional de la Discapacidad, teniendo en cuenta la variación del Índice de Precios de Consumo.

(…)

EDIFICACIÓN

XIII.-
LEY 38/1999, DE 5 DE NOVIEMBRE, DE ORDENACIÓN DE LA EDIFICACIÓN
–BOE N.º 266 de 6 de noviembre de 1999–

JUAN CARLOS I
REY DE ESPAÑA

A todos los que la presente vieren y entendieren,
Sabed: Que las Cortes Generales han aprobado y Yo vengo en sancionar la siguiente Ley.

EXPOSICIÓN DE MOTIVOS

El sector de la edificación es uno de los principales sectores económicos con evidentes repercusiones en el conjunto de la sociedad y en los valores culturales que entraña el patrimonio arquitectónico y, sin embargo, carece de una regulación acorde con esta importancia.

Así, la tradicional regulación del suelo contrasta con la falta de una configuración legal de la construcción de los edificios, básicamente establecida a través del Código Civil y de una variedad de normas cuyo conjunto adolece de serias lagunas en la ordenación del complejo proceso de la edificación, tanto respecto a la identificación, obligaciones y responsabilidades de los agentes que intervienen en el mismo, como en lo que se refiere a las garantías para proteger al usuario.

Por otra parte, la sociedad demanda cada vez más la calidad de los edificios y ello incide tanto en la seguridad estructural y la protección contra incendios como en otros aspectos vinculados al bienestar de las personas, como la protección contra el ruido, el aislamiento térmico o la accesibilidad para personas con movilidad reducida. En todo caso, el proceso de la edificación, por su directa incidencia en la configuración de los espacios, implica siempre un compromiso de funcionalidad, economía, armonía y equilibrio medioambiental de evidente relevancia desde el punto de vista del interés general; así se contempla en la Directiva 85/384/CEE de la Unión Europea, cuando declara que «la creación arquitectónica, la calidad de las construcciones, su inserción armoniosa en el entorno, el respeto de los paisajes naturales y urbanos, así como del patrimonio colectivo y privado, revisten un interés público».

Respondiendo a este orden de principios, la necesidad, por una parte, de dar continuidad a la Ley 6/1998, de 13 de abril, sobre régimen del suelo y valoraciones, ordenando la construcción de los edificios, y de superar, por otra, la discrepancia existente entre la legislación vigente y la realidad por la insuficiente regulación actual del proceso de la edificación, así como de establecer el marco general en el que pueda fomentarse la calidad de los edificios y, por último, el compromiso de fijar las garantías suficientes a los usuarios frente a los posibles daños, como una aportación más a la Ley 26/1984, de 19 de julio, General para la Defensa de los Consumidores y Usuarios, son los motivos que justifican sobradamente esta Ley de Ordenación de la Edificación, cuyo contenido primordial es el siguiente:

1. El objetivo prioritario es regular el proceso de la edificación actualizando y completando la configuración legal de los agentes que intervienen en el mismo, fijando sus obligaciones para así establecer las responsabilidades y cubrir las garantías a los usuarios, en base a una definición de los requisitos básicos que deben satisfacer los edificios.

2. Para ello, se define técnicamente el concepto jurídico de la edificación y los principios esenciales que han de presidir esta actividad y se delimita el ámbito de la Ley, precisando aquellas obras, tanto de nueva construcción como en edificios existentes, a las que debe aplicarse.

Ante la creciente demanda de calidad por parte de la sociedad, la Ley establece los requisitos básicos que deben satisfacer los edificios de tal forma que la garantía para proteger a los usuarios se asiente no sólo en los requisitos técnicos de lo construido sino también en el establecimiento de un seguro de daños o de caución.

Estos requisitos abarcan tanto los aspectos de funcionalidad y de seguridad de los edificios como aquellos referentes a la habitabilidad.

Se establece el concepto de proyecto, obligatorio para el desarrollo de las obras incluidas en el ámbito de la Ley, precisando la necesaria coordinación entre los proyectos parciales que puedan incluirse, así como la documentación a entregar a los usuarios para el correcto uso y mantenimiento de los edificios.

Se regula, asimismo, el acto de recepción de obra, dada la importancia que tiene en relación con el inicio de los plazos de responsabilidad y de prescripción establecidos en la Ley.

3. Para los distintos agentes que participan a lo largo del proceso de la edificación se enumeran las obligaciones que corresponden a cada uno de ellos, de las que se derivan sus responsabilidades, configurándose el promotor como una persona física o jurídica que asume la iniciativa de todo el proceso y a la que se obliga a garantizar los daños materiales que el edificio pueda sufrir. Dentro de las actividades del constructor se hace mención especial a la figura del jefe de obra, así como a la obligación de formalizar las subcontrataciones que en su caso se establezcan.

Además la Ley delimita el ámbito de actuaciones que corresponden a los profesionales, el proyectista, el director de obra y el director de la ejecución de la obra, estableciendo claramente el ámbito específico de su intervención, en función de su titulación habilitante.

4. La responsabilidad civil de los diferentes agentes por daños materiales en el edificio se exigirá de forma personal e individualizada, tanto por actos propios, como por actos de otros agentes por los que, con arreglo a esta Ley, se deba responder.

La responsabilidad se exigirá solidariamente cuando no pueda ser atribuida en forma individualizada al responsable del daño o cuando exista concurrencia de culpa, sin que pueda precisarse la influencia de cada agente interviniente en el daño producido.

A la figura del promotor se equiparan también las de gestor de cooperativas o de comunidades de propietarios, u otras análogas que aparecen cada vez con mayor frecuencia en la gestión económica de la edificación.

5. En cuanto a los plazos de responsabilidad se establecen en períodos de uno, tres y diez años, en función de los diversos daños que puedan aparecer en los edificios. El constructor, durante el primer año, ha de responder por los daños materiales derivados de una deficiente ejecución; todos los agentes que intervienen en el proceso de la edificación, durante tres años, responderán por los daños materiales en el edificio causados por vicios o defectos que afecten a la habitabilidad y durante diez años, por los que resulten de vicios o defectos que afecten a la seguridad estructural del edificio.

Las acciones para exigir responsabilidades prescriben en el plazo de dos años, al igual que las de repetición contra los agentes presuntamente responsables.

6. Por lo que se refiere a las garantías la Ley establece, para los edificios de vivienda, la suscripción obligatoria por el constructor, durante el plazo de un año, de un seguro de daños materiales o de caución, o bien la retención por el promotor de un 5 por 100 del coste de la obra para hacer frente a los daños materiales ocasionados por una deficiente ejecución.

Se establece igualmente para los edificios de vivienda la suscripción obligatoria por el promotor de un seguro que cubra los daños materiales que ocasionen en el edificio el incumplimiento de las condiciones de habitabilidad o que afecten a la seguridad estructural en el plazo de tres y diez años, respectivamente.

Se fijan las normas sobre las garantías de suscripción obligatoria, así como los importes mínimos de garantía para los tres supuestos de uno, tres y diez años, respectivamente.

No se admiten franquicias para cubrir los daños en el supuesto de un año, y no podrán exceder del 1 por 100 del capital asegurado para los otros dos supuestos.

Además, con el fin de evitar el fraude a los adquirentes se exigen determinados requisitos que acrediten la constitución del correspondiente seguro para la inscripción de escrituras públicas y la liquidación de las sociedades promotoras.

7. La Ley se completa con siete disposiciones adicionales. En la primera se establece que la percepción de las cantidades anticipadas reguladas para las viviendas se amplíe a promociones de viviendas en régimen de comunidades de propietarios o sociedades cooperativas.

En la segunda disposición adicional se prevé que la exigencia de la obligatoriedad de las garantías a las que se hace referencia en el artículo 19 de la Ley, se hará de forma escalonada en el tiempo para permitir que el sector vaya acomodándose a lo dispuesto en esta norma. Así la garantía de diez años contra los daños materiales causados por vicios o defectos que afecten a los elementos estructurales, también llamado seguro decenal, será exigible a partir de la entrada en vigor de esta Ley para los edificios cuyo destino principal sea el de vivienda. Posteriormente, y por Real Decreto, teniendo en cuenta las circunstancias del sector de la edificación y del sector asegurador, podrá establecerse la obligatoriedad de las demás garantías, es decir, del seguro de tres años que cubre los daños causados en los elementos constructivos o en las instalaciones que afecten a la habitabilidad o seguro trienal, y del seguro de un año que cubre los daños materiales por vicios o defectos de ejecución que afecten a elementos de terminación o acabado de las obras.

En la tercera se exceptúa a los miembros de los Cuerpos de Ingenieros de los Ejércitos de lo dispuesto en esta Ley en lo que se refiere a la delimitación de sus actuaciones en el ámbito de la Defensa.

En la cuarta se concreta la titulación académica y profesional de los Coordinadores de Seguridad y Salud, en las obras de edificación.

8. Mediante una disposición transitoria se establece la aplicación de lo previsto en la Ley a las obras para cuyos proyectos se solicite licencia de edificación a partir de la entrada en vigor de la misma. Por último, en la primera de las cuatro disposiciones finales se invocan los preceptos a cuyo amparo se ejerce la competencia del Estado en las materias reguladas por la Ley; en la segunda se autoriza al Gobierno para que en el plazo de dos años apruebe un Código Técnico de la Edificación que desarrolle los requisitos básicos que deben cumplir los edificios relacionados en el artículo 3; en la tercera se insta al Gobierno para que adapte al Reglamento de la Ley de Expropiación Forzosa las modificaciones introducidas en la disposición adicional quinta, y en la cuarta determina la entrada en vigor de la Ley.

La Ley, en definitiva, trata, dentro del marco de competencias del Estado, de fomentar la calidad incidiendo en los requisitos básicos y en las obligaciones de los distintos agentes que se encargan de desarrollar las actividades del proceso de la edificación, para poder fijar las responsabilidades y las garantías que protejan al usuario y para dar cumplimiento al derecho constitucional a una vivienda digna y adecuada.

La regulación del proceso de la edificación no quedaría, sin embargo, actualizada y completa si la Ley no se refiriera a aquellos supuestos en que dicho proceso constructivo ha exigido la previa expropiación de bienes o derechos por vincularse a una finalidad u objetivo de utilidad pública o interés social. En este sentido, la Ley actualiza la regulación de un aspecto de la legislación de expropiación forzosa sin duda necesitada toda ella de una revisión para adaptarse a la dinámica de nuestro tiempo, que presenta una significación cualificada y cuya puesta al día no debe demorarse, como es el ejercicio del derecho de reversión, derecho calificado por el Tribunal Constitucional como de configuración legal.

CAPÍTULO I
Disposiciones generales

ART. 1. Objeto.

1. Esta Ley tiene por objeto regular en sus aspectos esenciales el proceso de la edificación, estableciendo las obligaciones y responsabilidades de los agentes que intervienen en dicho proceso, así como las garantías necesarias para el adecuado desarrollo del mismo, con el fin de asegurar la calidad mediante el cumplimiento de los requisitos básicos de los edificios y la adecuada protección de los intereses de los usuarios.

2. Las obligaciones y responsabilidades relativas a la prevención de riesgos laborales en las obras de edificación se regirán por su legislación específica.

3. Cuando las Administraciones públicas y los organismos y entidades sujetos a la legislación de contratos de las Administraciones públicas actúen como agentes del proceso de la edificación se regirán por lo dispuesto en la legislación de contratos de las Administraciones públicas y en lo no contemplado en la misma por las disposiciones de esta Ley, a excepción de lo dispuesto sobre garantías de suscripción obligatoria.

Edificación

ART. 2. Ámbito de aplicación.

1. Esta Ley es de aplicación al proceso de la edificación, entendiendo por tal la acción y el resultado de construir un edificio de carácter permanente, público o privado, cuyo uso principal esté comprendido en los siguientes grupos:

a) Administrativo, sanitario, religioso, residencial en todas sus formas, docente y cultural.

b) Aeronáutico; agropecuario; de la energía; de la hidráulica; minero; de telecomunicaciones (referido a la ingeniería de las telecomunicaciones); del transporte terrestre, marítimo, fluvial y aéreo; forestal; industrial; naval; de la ingeniería de saneamiento e higiene, y accesorio a las obras de ingeniería y su explotación.

c) Todas las demás edificaciones cuyos usos no estén expresamente relacionados en los grupos anteriores.

2. Tendrán la consideración de edificación a los efectos de lo dispuesto en esta Ley, y requerirán un proyecto según lo establecido en el artículo 4, las siguientes obras:

a) Obras de edificación de nueva construcción, excepto aquellas construcciones de escasa entidad constructiva y sencillez técnica que no tengan, de forma eventual o permanente, carácter residencial ni público y se desarrollen en una sola planta.

b) Todas las intervenciones sobre los edificios existentes, siempre y cuando alteren su configuración arquitectónica, entendiendo por tales las que tengan carácter de intervención total o las parciales que produzcan una variación esencial de la composición general exterior, la volumetría, o el conjunto del sistema estructural, o tengan por objeto cambiar los usos característicos del edificio.

c) Obras que tengan el carácter de intervención total en edificaciones catalogadas o que dispongan de algún tipo de protección de carácter ambiental o histórico-artístico, regulada a través de norma legal o documento urbanístico y aquellas otras de carácter parcial que afecten a los elementos o partes objeto de protección.

3. Se consideran comprendidas en la edificación sus instalaciones fijas y el equipamiento propio, así como los elementos de urbanización que permanezcan adscritos al edificio.

Modificado por Ley 8/2013, de 26 de junio, de rehabilitación, regeneración y renovación urbanas. (BOE de 27-06-2013).

CAPÍTULO II
Exigencias técnicas y administrativas de la edificación

ART. 3. Requisitos básicos de la edificación.

1. Con el fin de garantizar la seguridad de las personas, el bienestar de la sociedad y la protección del medio ambiente, se establecen los siguientes requisitos básicos de la edificación, que deberán satisfacerse, de la forma que reglamentariamente se establezca, en el proyecto, la construcción, el mantenimiento, la conservación y el uso de los edificios y sus instalaciones, así como en las intervenciones que se realicen en los edificios existentes:

a) Relativos a la funcionalidad:

a.1) Utilización, de tal forma que la disposición y las dimensiones de los espacios y la dotación de las instalaciones faciliten la adecuada realización de las funciones previstas en el edificio.

a.2) Accesibilidad, de tal forma que se permita a las personas con movilidad y comunicación reducidas el acceso y la circulación por el edificio en los términos previstos en su normativa específica.

a.3) Acceso a los servicios de telecomunicación, audiovisuales y de información de acuerdo con lo establecido en su normativa específica.

a.4) Facilitación para el acceso de los servicios postales, mediante la dotación de las instalaciones apropiadas para la entrega de los envíos postales, según lo dispuesto en su normativa específica.

b) Relativos a la seguridad:

b.1) Seguridad estructural, de tal forma que no se produzcan en el edificio, o partes del mismo, daños que tengan su origen o afecten a la cimentación, los soportes, las vigas, los forjados, los muros de carga u otros elementos estructurales, y que comprometan directamente la resistencia mecánica y la estabilidad del edificio.

b.2) Seguridad en caso de incendio, de tal forma que los ocupantes puedan desalojar el edificio en condiciones seguras, se pueda limitar la extensión del incendio dentro del propio edificio y de los colindantes y se permita la actuación de los equipos de extinción y rescate.

b.3) Seguridad de utilización, de tal forma que el uso normal del edificio no suponga riesgo de accidente para las personas.

c) Relativos a la habitabilidad:

c.1) Higiene, salud y protección del medio ambiente, de tal forma que se alcancen condiciones aceptables de salubridad y estanqueidad en el ambiente interior del edificio y que éste no deteriore el medio ambiente en su entorno inmediato, garantizando una adecuada gestión de toda clase de residuos.

c.2) Protección contra el ruido, de tal forma que el ruido percibido no ponga en peligro la salud de las personas y les permita realizar satisfactoriamente sus actividades.

c.3) Ahorro de energía y aislamiento térmico, de tal forma que se consiga un uso racional de la energía necesaria para la adecuada utilización del edificio.

c.4) Otros aspectos funcionales de los elementos constructivos o de las instalaciones que permitan un uso satisfactorio del edificio.

2. El Código Técnico de la Edificación es el marco normativo que establece las exigencias básicas de calidad de los edificios de nueva construcción y de sus instalaciones, así como de las intervenciones que se realicen en los edificios existentes, de acuerdo con lo previsto en las letras b) y c) del artículo 2.2, de tal forma que permita el cumplimiento de los anteriores requisitos básicos.

Las normas básicas de la edificación y las demás reglamentaciones técnicas de obligado cumplimiento constituyen, a partir de la entrada en vigor de esta Ley, la reglamentación técnica hasta que se apruebe el Código Técnico de la Edificación conforme a lo previsto en la disposición final segunda de esta Ley.

El Código podrá completarse con las exigencias de otras normativas dictadas por las Administraciones competentes y se actualizará periódicamente conforme a la evolución de la técnica y la demanda de la sociedad.

Modificado por Ley 8/2013, de 26 de junio, de rehabilitación, regeneración y renovación urbanas. (BOE de 27-06-2013).

ART. 4. Proyecto.

1. El proyecto es el conjunto de documentos mediante los cuales se definen y determinan las exigencias técnicas de las obras contempladas en el artículo 2. El proyecto habrá de justificar técnicamente las soluciones propuestas de acuerdo con las especificaciones requeridas por la normativa técnica aplicable.

2. Cuando el proyecto se desarrolle o complete mediante proyectos parciales u otros documentos técnicos sobre tecnologías específicas o instalaciones del edificio, se mantendrá entre todos ellos la necesaria coordinación sin que se produzca una duplicidad en la documentación ni en los honorarios a percibir por los autores de los distintos trabajos indicados.

ART. 5. Licencias y autorizaciones administrativas.

La construcción de edificios, la realización de las obras que en ellos se ejecuten y su ocupación precisará las preceptivas licencias y demás autorizaciones administrativas procedentes, de conformidad con la normativa aplicable.

ART. 6. Recepción de la obra.

1. La recepción de la obra es el acto por el cual el constructor, una vez concluida ésta, hace entrega de la misma al promotor y es aceptada por éste. Podrá realizarse con o sin reservas y deberá abarcar la totalidad de la obra o fases completas y terminadas de la misma, cuando así se acuerde por las partes.

2. La recepción deberá consignarse en un acta firmada, al menos, por el promotor y el constructor, y en la misma se hará constar:

a) Las partes que intervienen.

b) La fecha del certificado final de la totalidad de la obra o de la fase completa y terminada de la misma.

c) El coste final de la ejecución material de la obra.

d) La declaración de la recepción de la obra con o sin reservas, especificando, en su caso, éstas de manera objetiva, y el plazo en que deberán quedar subsanados los defectos observados. Una vez subsanados los mismos, se hará constar en un acta aparte, suscrita por los firmantes de la recepción.

e) Las garantías que, en su caso, se exijan al constructor para asegurar sus responsabilidades.

Asimismo, se adjuntará el certificado final de obra suscrito por el director de obra y el director de la ejecución de la obra.

3. El promotor podrá rechazar la recepción de la obra por considerar que la misma no está terminada o que no se adecua a las condiciones contractuales. En todo caso, el rechazo deberá ser motivado por escrito en el acta, en la que se fijará el nuevo plazo para efectuar la recepción.

4. Salvo pacto expreso en contrario, la recepción de la obra tendrá lugar dentro de los treinta días siguientes a la fecha de su terminación, acreditada en el certificado final de obra, plazo que se contará a partir de la notificación efectuada por escrito al promotor. La recepción se entenderá tácitamente producida si transcurridos treinta días desde la fecha indicada el promotor no hubiera puesto de manifiesto reservas o rechazo motivado por escrito.

5. El cómputo de los plazos de responsabilidad y garantía establecidos en esta Ley se iniciará a partir de la fecha en que se suscriba el acta de recepción, o cuando se entienda ésta tácitamente producida según lo previsto en el apartado anterior.

ART. 7. Documentación de la obra ejecutada.

Una vez finalizada la obra, el proyecto, con la incorporación, en su caso, de las modificaciones debidamente aprobadas, será facilitado al promotor por el director de obra para la formalización de los correspondientes trámites administrativos.

A dicha documentación se adjuntará, al menos, el acta de recepción, la relación identificativa de los agentes que han intervenido durante el proceso de edificación, así como la relativa a las instrucciones de uso y mantenimiento del edificio y sus instalaciones, de conformidad con la normativa que le sea de aplicación.

Toda la documentación a que hace referencia los apartados anteriores, que constituirá el Libro del Edificio, será entregada a los usuarios finales del edificio.

CAPÍTULO III
Agentes de la edificación

ART. 8. Concepto.

Son agentes de la edificación todas las personas, físicas o jurídicas, que intervienen en el proceso de la edificación. Sus obligaciones vendrán determinadas por lo dispuesto en esta Ley y demás disposiciones que sean de aplicación y por el contrato que origina su intervención.

ART. 9. El promotor.

1. Será considerado promotor cualquier persona, física o jurídica, pública o privada, que, individual o colectivamente, decide, impulsa, programa y financia, con recursos propios o ajenos, las obras de edificación para sí o para su posterior enajenación, entrega o cesión a terceros bajo cualquier título.

2. Son obligaciones del promotor:

a) Ostentar sobre el solar la titularidad de un derecho que le faculte para construir en él.

b) Facilitar la documentación e información previa necesaria para la redacción del proyecto, así como autorizar al director de obra las posteriores modificaciones del mismo.

c) Gestionar y obtener las preceptivas licencias y autorizaciones administrativas, así como suscribir el acta de recepción de la obra.

d) Suscribir los seguros previstos en el artículo 19.

e) Entregar al adquirente, en su caso, la documentación de obra ejecutada, o cualquier otro documento exigible por las Administraciones competentes.

ART. 10. El proyectista.

1. El proyectista es el agente que, por encargo del promotor y con sujeción a la normativa técnica y urbanística correspondiente, redacta el proyecto.

Podrán redactar proyectos parciales del proyecto, o partes que lo complementen, otros técnicos, de forma coordinada con el autor de éste.

Cuando el proyecto se desarrolle o complete mediante proyectos parciales u otros documentos técnicos según lo previsto en el apartado 2 del artículo 4 de esta Ley, cada proyectista asumirá la titularidad de su proyecto.

2. Son obligaciones del proyectista:

a) Estar en posesión de la titulación académica y profesional habilitante de arquitecto, arquitecto técnico, ingeniero o ingeniero técnico, según corresponda, y cumplir las condiciones exigibles para el ejercicio de la profesión. En caso de personas jurídicas, designar al técnico redactor del proyecto que tenga la titulación profesional habilitante.

Cuando el proyecto a realizar tenga por objeto la construcción de edificios para los usos indicados en el grupo a) del apartado 1 del artículo 2, la titulación académica y profesional habilitante será la de arquitecto.

Cuando el proyecto a realizar tenga por objeto la construcción de edificios para los usos indicados en el grupo b) del apartado 1 del artículo 2, la titulación académica y profesional habilitante, con carácter general, será la de ingeniero, ingeniero técnico o arquitecto y vendrá determinada por las disposiciones legales vigentes para cada profesión, de acuerdo con sus respectivas especialidades y competencias específicas.

Cuando el proyecto a realizar tenga por objeto la construcción de edificios comprendidos en el grupo c) del apartado 1 del artículo 2, la titulación académica y profesional habilitante será la de arquitecto, arquitecto técnico, ingeniero o ingeniero técnico y vendrá determinada por las disposiciones legales vigentes para cada profesión, de acuerdo con sus especialidades y competencias específicas.

Idénticos criterios se seguirán respecto de los proyectos de obras a las que se refieren los apartados 2.b) y 2.c) del artículo 2 de esta Ley.

En todo caso y para todos los grupos, en los aspectos concretos correspondientes a sus especialidades y competencias específicas, y en particular respecto de los elementos complementarios a que se refiere el apartado 3 del artículo 2, podrán asimismo intervenir otros técnicos titulados del ámbito de la arquitectura o de la ingeniería, suscribiendo los trabajos por ellos realizados y coordinados por el proyectista. Dichas intervenciones especializadas serán preceptivas si así lo establece la disposición legal reguladora del sector de actividad de que se trate.

b) Redactar el proyecto con sujeción a la normativa vigente y a lo que se haya establecido en el contrato y entregarlo, con los visados que en su caso fueran preceptivos.

c) Acordar, en su caso, con el promotor la contratación de colaboraciones parciales.

ART. 11. El constructor.

1. El constructor es el agente que asume, contractualmente ante el promotor, el compromiso de ejecutar con medios humanos y materiales, propios o ajenos, las obras o parte de las mismas con sujeción al proyecto y al contrato.

2. Son obligaciones del constructor:

a) Ejecutar la obra con sujeción al proyecto, a la legislación aplicable y a las instrucciones del director de obra y del director de la ejecución de la obra, a fin de alcanzar la calidad exigida en el proyecto.

b) Tener la titulación o capacitación profesional que habilita para el cumplimiento de las condiciones exigibles para actuar como constructor.

c) Designar al jefe de obra que asumirá la representación técnica del constructor en la obra y que por su titulación o experiencia deberá tener la capacitación adecuada de acuerdo con las características y la complejidad de la obra.

d) Asignar a la obra los medios humanos y materiales que su importancia requiera.

e) Formalizar las subcontrataciones de determinadas partes o instalaciones de la obra dentro de los límites establecidos en el contrato.

f) Firmar el acta de replanteo o de comienzo y el acta de recepción de la obra.

g) Facilitar al director de obra los datos necesarios para la elaboración de la documentación de la obra ejecutada.

h) Suscribir las garantías previstas en el artículo 19.

ART. 12. El director de obra.

1. El director de obra es el agente que, formando parte de la dirección facultativa, dirige el desarrollo de la obra en los aspectos técnicos, estéticos, urbanísticos y medioambientales, de conformidad con el proyecto que la define, la licencia de edificación y demás autorizaciones preceptivas y las condiciones del contrato, con el objeto de asegurar su adecuación al fin propuesto.

Edificación

2. Podrán dirigir las obras de los proyectos parciales otros técnicos, bajo la coordinación del director de obra.

3. Son obligaciones del director de obra:

a) Estar en posesión de la titulación académica y profesional habilitante de arquitecto, arquitecto técnico, ingeniero o ingeniero técnico, según corresponda y cumplir las condiciones exigibles para el ejercicio de la profesión. En caso de personas jurídicas, designar al técnico director de obra que tenga la titulación profesional habilitante.

En el caso de la construcción de edificios para los usos indicados en el grupo a) del apartado 1 del artículo 2, la titulación académica y profesional habilitante será la de arquitecto.

Cuando las obras a realizar tengan por objeto la construcción de las edificaciones indicadas en el grupo b) del apartado 1 del artículo 2, la titulación habilitante, con carácter general, será la de ingeniero, ingeniero técnico o arquitecto y vendrá determinada por las disposiciones legales vigentes para cada profesión, de acuerdo con sus especialidades y competencias específicas.

Cuando las obras a realizar tengan por objeto la construcción de las edificaciones indicadas en el grupo c) del apartado 1 del artículo 2, la titulación habilitante será la de arquitecto, arquitecto técnico, ingeniero o ingeniero técnico y vendrá determinada por las disposiciones legales vigentes para cada profesión, de acuerdo con sus especialidades y competencias específicas.

Idénticos criterios se seguirán respecto de las obras a las que se refieren los apartados 2.b) y 2.c) del artículo 2 de esta Ley.

b) Verificar el replanteo y la adecuación de la cimentación y de la estructura proyectadas a las características geotécnicas del terreno.

c) Resolver las contingencias que se produzcan en la obra y consignar en el Libro de Órdenes y Asistencias las instrucciones precisas para la correcta interpretación del proyecto.

d) Elaborar, a requerimiento del promotor o con su conformidad, eventuales modificaciones del proyecto, que vengan exigidas por la marcha de la obra siempre que las mismas se adapten a las disposiciones normativas contempladas y observadas en la redacción del proyecto.

e) Suscribir el acta de replanteo o de comienzo de obra y el certificado final de obra, así como conformar las certificaciones parciales y la liquidación final de las unidades de obra ejecutadas, con los visados que en su caso fueran preceptivos.

f) Elaborar y suscribir la documentación de la obra ejecutada para entregarla al promotor, con los visados que en su caso fueran preceptivos.

g) Las relacionadas en el artículo 13, en aquellos casos en los que el director de la obra y el director de la ejecución de la obra sea el mismo profesional, si fuera ésta la opción elegida, de conformidad con lo previsto en el apartado 2.a) del artículo 13.

ART. 13. El director de la ejecución de la obra.

1. El director de la ejecución de la obra es el agente que, formando parte de la dirección facultativa, asume la función técnica de dirigir la ejecución material de la obra y de controlar cualitativa y cuantitativamente la construcción y la calidad de lo edificado.

2. Son obligaciones del director de la ejecución de la obra:

a) Estar en posesión de la titulación académica y profesional habilitante y cumplir las condiciones exigibles para el ejercicio de la profesión. En caso de personas jurídicas, designar al técnico director de la ejecución de la obra que tenga la titulación profesional habilitante.

Cuando las obras a realizar tengan por objeto la construcción de edificios para los usos indicados en el grupo a) del apartado 1 del artículo 2, la titulación académica y profesional habilitante será la de arquitecto técnico. Será ésta, asimismo, la titulación habilitante para las obras del grupo b) que fueran dirigidas por arquitectos.

En los demás casos la dirección de la ejecución de la obra puede ser desempeñada, indistintamente, por profesionales con la titulación de arquitecto, arquitecto técnico, ingeniero o ingeniero técnico.

b) Verificar la recepción en obra de los productos de construcción, ordenando la realización de ensayos y pruebas precisas.

c) Dirigir la ejecución material de la obra comprobando los replanteos, los materiales, la correcta ejecución y disposición de los elementos constructivos y de las instalaciones, de acuerdo con el proyecto y con las instrucciones del director de obra.

d) Consignar en el Libro de Órdenes y Asistencias las instrucciones precisas.

e) Suscribir el acta de replanteo o de comienzo de obra y el certificado final de obra, así como elaborar y suscribir las certificaciones parciales y la liquidación final de las unidades de obra ejecutadas.

f) Colaborar con los restantes agentes en la elaboración de la documentación de la obra ejecutada, aportando los resultados del control realizado.

ART. 14. Las entidades y los laboratorios de control de calidad de la edificación.

1. Son entidades de control de calidad de la edificación aquéllas capacitadas para prestar asistencia técnica en la verificación de la calidad del proyecto, de los materiales y de la ejecución de la obra y sus instalaciones de acuerdo con el proyecto y la normativa aplicable. Para el ejercicio de su actividad en todo el territorio español será suficiente con la presentación de una declaración responsable en la que se declare que cumple con los requisitos técnicos exigidos reglamentariamente ante el organismo competente de la Comunidad Autónoma en la que tenga su domicilio social o profesional.

2. Son laboratorios de ensayos para el control de calidad de la edificación los capacitados para prestar asistencia técnica, mediante la realización de ensayos o pruebas de servicio de los materiales, sistemas o instalaciones de una obra de edificación. Para el ejercicio de su actividad en todo el territorio español será suficiente con la presentación de una declaración responsable por cada uno de sus establecimientos físicos desde los que presta sus servicios en la que se declare que estos cumplen con los requisitos técnicos exigidos reglamentariamente, ante los organismos competentes de la Comunidad Autónoma correspondiente.

3. Son obligaciones de las entidades y de los laboratorios de control de calidad:

a) Prestar asistencia técnica y entregar los resultados de su actividad al agente autor del encargo y, en todo caso, al responsable técnico de la recepción y aceptación de los resultados de la asistencia, ya sea el director de la ejecución de las obras, o el agente que corresponda en las fases de proyecto, la ejecución de las obras y la vida útil del edificio.

b) Justificar que tienen implantado un sistema de gestión de la calidad que define los procedimientos y métodos de ensayo o inspección que utiliza en su actividad y que cuentan con capacidad, personal, medios y equipos adecuados.

> *Modificado por Ley 25/2009, de 22 de diciembre, de modificación de diversas leyes para su adaptación a la Ley sobre el libre acceso a las actividades de servicios y su ejercicio. (BOE de 23-12-2009).*

ART. 15. Los suministradores de productos.

1. Se consideran suministradores de productos los fabricantes, almacenistas, importadores o vendedores de productos de construcción.

2. Se entiende por producto de construcción aquel que se fabrica para su incorporación permanente en una obra incluyendo materiales, elementos semielaborados, componentes y obras o parte de las mismas, tanto terminadas como en proceso de ejecución.

3. Son obligaciones del suministrador:

a) Realizar las entregas de los productos de acuerdo con las especificaciones del pedido, respondiendo de su origen, identidad y calidad, así como del cumplimiento de las exigencias que, en su caso, establezca la normativa técnica aplicable.

b) Facilitar, cuando proceda, las instrucciones de uso y mantenimiento de los productos suministrados, así como las garantías de calidad correspondientes, para su inclusión en la documentación de la obra ejecutada.

ART. 16. Los propietarios y los usuarios.

1. Son obligaciones de los propietarios conservar en buen estado la edificación mediante un adecuado uso y mantenimiento, así como recibir, conservar y transmitir la documentación de la obra ejecutada y los seguros y garantías con que ésta cuente.

2. Son obligaciones de los usuarios, sean o no propietarios, la utilización adecuada de los edificios o de parte de los mismos de conformidad con las instrucciones de uso y mantenimiento, contenidas en la documentación de la obra ejecutada.

CAPÍTULO IV
Responsabilidades y garantías

ART. 17. Responsabilidad civil de los agentes que intervienen en el proceso de la edificación.

1. Sin perjuicio de sus responsabilidades contractuales, las personas físicas o jurídicas que intervienen en el proceso de la edificación responderán frente a los propietarios y los terceros adquirentes de los edificios o parte de los mismos, en el caso de que sean objeto

de división, de los siguientes daños materiales ocasionados en el edificio dentro de los plazos indicados, contados desde la fecha de recepción de la obra, sin reservas o desde la subsanación de éstas:

a) Durante diez años, de los daños materiales causados en el edificio por vicios o defectos que afecten a la cimentación, los soportes, las vigas, los forjados, los muros de carga u otros elementos estructurales, y que comprometan directamente la resistencia mecánica y la estabilidad del edificio.

b) Durante tres años, de los daños materiales causados en el edificio por vicios o defectos de los elementos constructivos o de las instalaciones que ocasionen el incumplimiento de los requisitos de habitabilidad del apartado 1, letra c), del artículo 3.

El constructor también responderá de los daños materiales por vicios o defectos de ejecución que afecten a elementos de terminación o acabado de las obras dentro del plazo de un año.

2. La responsabilidad civil será exigible en forma personal e individualizada, tanto por actos u omisiones propios, como por actos u omisiones de personas por las que, con arreglo a esta Ley, se deba responder.

3. No obstante, cuando no pudiera individualizarse la causa de los daños materiales o quedase debidamente probada la concurrencia de culpas sin que pudiera precisarse el grado de intervención de cada agente en el daño producido, la responsabilidad se exigirá solidariamente. En todo caso, el promotor responderá solidariamente con los demás agentes intervinientes ante los posibles adquirentes de los daños materiales en el edificio ocasionados por vicios o defectos de construcción.

4. Sin perjuicio de las medidas de intervención administrativas que en cada caso procedan, la responsabilidad del promotor que se establece en esta Ley se extenderá a las personas físicas o jurídicas que, a tenor del contrato o de su intervención decisoria en la promoción, actúen como tales promotores bajo la forma de promotor o gestor de cooperativas o de comunidades de propietarios u otras figuras análogas.

5. Cuando el proyecto haya sido contratado conjuntamente con más de un proyectista, los mismos responderán solidariamente.

Los proyectistas que contraten los cálculos, estudios, dictámenes o informes de otros profesionales, serán directamente responsables de los daños que puedan derivarse de su insuficiencia, incorrección o inexactitud, sin perjuicio de la repetición que pudieran ejercer contra sus autores.

6. El constructor responderá directamente de los daños materiales causados en el edificio por vicios o defectos derivados de la impericia, falta de capacidad profesional o técnica, negligencia o incumplimiento de las obligaciones atribuidas al jefe de obra y demás personas físicas o jurídicas que de él dependan.

Cuando el constructor subcontrate con otras personas físicas o jurídicas la ejecución de determinadas partes o instalaciones de la obra, será directamente responsable de los daños materiales por vicios o defectos de su ejecución, sin perjuicio de la repetición a que hubiere lugar.

Asimismo, el constructor responderá directamente de los daños materiales causados en el edificio por las deficiencias de los productos de construcción adquiridos o aceptados por él, sin perjuicio de la repetición a que hubiere lugar.

7. El director de obra y el director de la ejecución de la obra que suscriban el certificado final de obra serán responsables de la veracidad y exactitud de dicho documento.

Quien acepte la dirección de una obra cuyo proyecto no haya elaborado él mismo, asumirá las responsabilidades derivadas de las omisiones, deficiencias o imperfecciones del proyecto, sin perjuicio de la repetición que pudiere corresponderle frente al proyectista.

Cuando la dirección de obra se contrate de manera conjunta a más de un técnico, los mismos responderán solidariamente sin perjuicio de la distribución que entre ellos corresponda.

8. Las responsabilidades por daños no serán exigibles a los agentes que intervengan en el proceso de la edificación, si se prueba que aquéllos fueron ocasionados por caso fortuito, fuerza mayor, acto de tercero o por el propio perjudicado por el daño.

9. Las responsabilidades a que se refiere este artículo se entienden sin perjuicio de las que alcanzan al vendedor de los edificios o partes edificadas frente al comprador conforme al contrato de compraventa suscrito entre ellos, a los artículos 1.484 y siguientes del Código Civil y demás legislación aplicable a la compraventa.

ART. 18. Plazos de prescripción de las acciones.

1. Las acciones para exigir la responsabilidad prevista en el artículo anterior por daños materiales dimanantes de los vicios o defectos, prescribirán en el plazo de dos años a contar desde que se produzcan dichos daños, sin perjuicio de las acciones que puedan subsistir para exigir responsabilidades por incumplimiento contractual.

2. La acción de repetición que pudiese corresponder a cualquiera de los agentes que intervienen en el proceso de edificación contra los demás, o a los aseguradores contra ellos, prescribirá en el plazo de dos años desde la firmeza de la resolución judicial que condene al responsable a indemnizar los daños, o a partir de la fecha en la que se hubiera procedido a la indemnización de forma extrajudicial.

ART. 19. Garantías por daños materiales ocasionados por vicios y defectos de la construcción.

1. El régimen de garantías exigibles para las obras de edificación comprendidas en el artículo 2 de esta Ley se hará efectivo de acuerdo con la obligatoriedad que se establezca en aplicación de la disposición adicional segunda, teniendo como referente a las siguientes garantías:

a) Seguro de daños materiales, seguro de caución o garantía financiera, para garantizar, durante un año, el resarcimiento de los daños materiales por vicios o defectos de ejecución que afecten a elementos de terminación o acabado de las obras, que podrá ser sustituido por la retención por el promotor de un 5 por 100 del importe de la ejecución material de la obra.

b) Seguro de daños materiales, seguro de caución o garantía financiera, para garantizar, durante tres años, el resarcimiento de los daños causados por vicios o defectos de los elementos constructivos o de las instalaciones que ocasionen el incumplimiento de los requisitos de habitabilidad del apartado 1, letra c), del artículo 3.

c) Seguro de daños materiales, seguro de caución o garantía financiera, para garantizar, durante diez años, el resarcimiento de los daños materiales causados en el edificio por vicios o defectos que tengan su origen o afecten a la cimentación, los soportes, las vigas, los forjados, los muros de carga u otros elementos estructurales, y que comprometan directamente la resistencia mecánica y estabilidad del edificio.

2. Los seguros de daños materiales reunirán las condiciones siguientes:

a) Tendrá la consideración de tomador del seguro el constructor en el supuesto a) del apartado 1 y el promotor, en los supuestos b) y c) del mismo apartado, y de asegurados el propio promotor y los sucesivos adquirentes del edificio o de parte del mismo. El promotor podrá pactar expresamente con el constructor que éste sea tomador del seguro por cuenta de aquél.

b) La prima deberá estar pagada en el momento de la recepción de la obra. No obstante, en caso de que se hubiera pactado el fraccionamiento en períodos siguientes a la fecha de recepción, la falta de pago de las siguientes fracciones de prima no dará derecho al asegurador a resolver el contrato, ni éste quedará extinguido, ni la cobertura del asegurador suspendida, ni éste liberado de su obligación, caso de que el asegurado deba hacer efectiva la garantía.

c) No será de aplicación la normativa reguladora de la cobertura de riesgos extraordinarios sobre las personas y los bienes contenida en el artículo 4 de la Ley 21/1990, de 19 de diciembre.

3. Los seguros de caución reunirán las siguientes condiciones:

a) Las señaladas en los apartados 2.a) y 2.b) de este artículo. En relación con el apartado 2.a), los asegurados serán siempre los sucesivos adquirentes del edificio o de parte del mismo.

b) El asegurador asume el compromiso de indemnizar al asegurado al primer requerimiento.

c) El asegurador no podrá oponer al asegurado las excepciones que puedan corresponderle contra el tomador del seguro.

4. Una vez tomen efecto las coberturas del seguro, no podrá rescindirse ni resolverse el contrato de mutuo acuerdo antes del transcurso del plazo de duración previsto en el apartado 1 de este artículo.

5. El importe mínimo del capital asegurado será el siguiente:

a) El 5 por 100 del coste final de la ejecución material de la obra, incluidos los honorarios profesionales, para las garantías del apartado 1.a) de este artículo.

b) El 30 por 100 del coste final de la ejecución material de la obra, incluidos los honorarios profesionales, para las garantías del apartado 1.b) de este artículo.

Edificación

c) El 100 por 100 del coste final de la ejecución material de la obra, incluidos los honorarios profesionales, para las garantías del apartado 1.c) de este artículo.

6. El asegurador podrá optar por el pago de la indemnización en metálico que corresponda a la valoración de los daños o por la reparación de los mismos.

7. El incumplimiento de las anteriores normas sobre garantías de suscripción obligatoria implicará, en todo caso, la obligación de responder personalmente al obligado a suscribir las garantías.

8. Para las garantías a que se refiere el apartado 1.a) de este artículo no serán admisibles cláusulas por las cuales se introduzcan franquicias o limitación alguna en la responsabilidad del asegurador frente al asegurado.

En el caso de que en el contrato de seguro a que se refieren los apartados 1.b) y 1.c) de este artículo se establezca una franquicia, ésta no podrá exceder del 1 por 100 del capital asegurado de cada unidad registral.

9. Salvo pacto en contrario, las garantías a que se refiere esta Ley no cubrirán:

a) Los daños corporales u otros perjuicios económicos distintos de los daños materiales que garantiza la Ley.

b) Los daños ocasionados a inmuebles contiguos o adyacentes al edificio.

c) Los daños causados a bienes muebles situados en el edificio.

d) Los daños ocasionados por modificaciones u obras realizadas en el edificio después de la recepción, salvo las de subsanación de los defectos observados en la misma.

e) Los daños ocasionados por mal uso o falta de mantenimiento adecuado del edificio.

f) Los gastos necesarios para el mantenimiento del edificio del que ya se ha hecho la recepción.

g) Los daños que tengan su origen en un incendio o explosión, salvo por vicios o defectos de las instalaciones propias del edificio.

h) Los daños que fueran ocasionados por caso fortuito, fuerza mayor, acto de tercero o por el propio perjudicado por el daño.

i) Los siniestros que tengan su origen en partes de la obra sobre las que haya reservas recogidas en el acta de recepción, mientras que tales reservas no hayan sido subsanadas y las subsanaciones queden reflejadas en una nueva acta suscrita por los firmantes del acta de recepción.

Modificado por Ley 20/2015, de 14 de julio, de ordenación, supervisión y solvencia de las entidades aseguradoras y reaseguradoras. (BOE de 15-07-2015).

ART. 20. Requisitos para la escrituración e inscripción.

1. No se autorizarán ni se inscribirán en el Registro de la Propiedad escrituras públicas de declaración de obra nueva de edificaciones a las que sea de aplicación esta Ley, sin que se acredite y testimonie la constitución de las garantías a que se refiere el artículo 19.

2. Cuando no hayan transcurrido los plazos de prescripción de las acciones a que se refiere el artículo 18, no se cerrará en el Registro Mercantil la hoja abierta al promotor individual ni se inscribirá la liquidación de las sociedades promotoras sin que se acredite previamente al Registrador la constitución de las garantías establecidas por esta Ley, en relación con todas y cada una de las edificaciones que hubieran promovido.

DISPOSICIONES ADICIONALES

D.A. 1.ª Percepción de cantidades a cuenta del precio durante la construcción.

Uno. Obligaciones de los promotores que perciban cantidades anticipadas.

1. Las personas físicas y jurídicas que promuevan la construcción de toda clase de viviendas, incluidas las que se realicen en régimen de comunidad de propietarios o sociedad cooperativa, y que pretendan obtener de los adquirentes entregas de dinero para su construcción, deberán cumplir las condiciones siguientes:

a) Garantizar, desde la obtención de la licencia de edificación, la devolución de las cantidades entregadas más los intereses legales, mediante contrato de seguro de caución suscrito con entidades aseguradoras debidamente autorizadas para operar en España, o mediante aval solidario emitido por entidades de crédito debidamente autorizadas, para el caso de que la construcción no se inicie o no llegue a buen fin en el plazo convenido para la entrega de la vivienda.

b) Percibir las cantidades anticipadas por los adquirentes a través de entidades de crédito en las que habrán de depositarse en cuenta especial, con separación de cualquier otra clase de fondos pertenecientes al promotor, incluido el supuesto de comunidades de propietarios o sociedad cooperativa, y de las que únicamente podrá disponer para las atenciones derivadas de la construcción de las viviendas. Para la apertura de estas cuentas o depósitos la entidad de crédito, bajo su responsabilidad, exigirá la garantía a que se refiere la condición anterior.

2. La garantía se extenderá a las cantidades aportadas por los adquirentes, incluidos los impuestos aplicables, más el interés legal del dinero.

Dos. Requisitos de las garantías.

1. Para que un contrato de seguro de caución pueda servir como garantía de las cantidades anticipadas en la construcción y venta de viviendas deberá cumplir los siguientes requisitos:

a) Se suscribirá una póliza de seguro individual por cada adquirente, en la que se identifique el inmueble para cuya adquisición se entregan de forma anticipada las cantidades o los efectos comerciales.

b) La suma asegurada incluirá la cuantía total de las cantidades anticipadas en el contrato de compraventa, de adhesión a la promoción o fase de la cooperativa o instrumento jurídico equivalente, incluidos los impuestos aplicables, incrementada en el interés legal del dinero desde la entrega efectiva del anticipo hasta la fecha prevista de la entrega de la vivienda por el promotor.

c) Será tomador del seguro el promotor, a quien le corresponderá el pago de la prima por todo el periodo de seguro hasta la elevación a escritura pública del contrato de compraventa, de adhesión a la promoción o fase de la cooperativa o instrumento jurídico equivalente.

d) Corresponde la condición de asegurado al adquirente o adquirentes que figuren en el contrato de compraventa.

e) El asegurador no podrá oponer al asegurado las excepciones que puedan corresponderle contra el tomador del seguro. La falta de pago de la prima por el promotor no será, en ningún caso, excepción oponible.

f) La duración del contrato no podrá ser inferior a la del compromiso para la construcción y entrega de las viviendas. En caso de que se conceda prórroga para la entrega de las viviendas, el promotor podrá prorrogar el contrato de seguro mediante el pago de la correspondiente prima, debiendo informar al asegurado de dicha prórroga.

g) La entidad aseguradora podrá comprobar durante la vigencia del seguro los documentos y datos del promotor-tomador que guarden relación con las obligaciones contraídas frente a los asegurados.

h) En caso de que la construcción no se inicie o no llegue a buen fin en el plazo convenido el asegurado, siempre que haya requerido de manera fehaciente al promotor para la devolución de las cantidades aportadas a cuenta, incluidos los impuestos aplicables y sus intereses y este en el plazo de treinta días no haya procedido a su devolución, podrá reclamar al asegurador el abono de la indemnización correspondiente. Igualmente, el asegurado podrá reclamar directamente al asegurador cuando no resulte posible la reclamación previa al promotor.

El asegurador deberá indemnizar al asegurado en el plazo de treinta días a contar desde que formule la reclamación.

i) En ningún caso serán indemnizables las cantidades que no se acredite que fueron aportadas por el asegurado, aunque se hayan incluido en la suma asegurada del contrato de seguro, por haberse pactado su entrega aplazada en el contrato de cesión.

j) El asegurador podrá reclamar al promotor-tomador las cantidades satisfechas a los asegurados, a cuyo efecto se subrogará en los derechos que correspondan a éstos.

k) En el caso de que la entidad aseguradora hubiere satisfecho la indemnización al asegurado como consecuencia del siniestro cubierto por el contrato de seguro, el promotor no podrá enajenar la vivienda sin haber resarcido previamente a la entidad aseguradora por la cantidad indemnizada.

l) En todo lo no específicamente dispuesto, le será de aplicación la Ley 50/1980, de 8 de octubre, de Contrato de Seguro.

2. Para que un aval pueda servir como garantía de las cantidades anticipadas en la construcción y venta de viviendas deberá cumplir los siguientes requisitos:

a) Deberá emitirse y mantenerse en vigor por la entidad de crédito, por la cuantía total de las cantidades anticipadas en el contrato de compraventa, de adhesión a la promoción

Edificación

o fase de la cooperativa o instrumento jurídico equivalente, incluidos los impuestos aplicables, incrementada en el interés legal del dinero desde la entrega efectiva del anticipo hasta la fecha prevista de la entrega de la vivienda por el promotor.

b) En caso de que la construcción no se inicie o no llegue a buen fin en el plazo convenido, el beneficiario, siempre que haya requerido de manera fehaciente al promotor para la devolución de las cantidades entregadas a cuenta, incluidos los impuestos aplicables, y sus intereses y este en el plazo de treinta días no haya procedido a su devolución, podrá exigir al avalista el abono de dichas cantidades. Igualmente, el beneficiario podrá reclamar directamente al avalista cuando no resulte posible la reclamación previa al promotor.

c) Transcurrido un plazo de dos años, a contar desde el incumplimiento por el promotor de la obligación garantizada sin que haya sido requerido por el adquirente para la rescisión del contrato y la devolución de las cantidades anticipadas, se producirá la caducidad del aval.

Tres. Información contractual.

En los contratos para la adquisición de viviendas en que se pacte la entrega al promotor, incluido el supuesto de comunidades de propietarios o sociedad cooperativa, de cantidades anticipadas deberá hacerse constar expresamente:

a) Que el promotor se obliga a la devolución al adquirente de las cantidades percibidas a cuenta, incluidos los impuestos aplicables, más los intereses legales en caso de que la construcción no se inicie o termine en los plazos convenidos que se determinen en el contrato, o no se obtenga la cédula de habitabilidad, licencia de primera ocupación o el documento equivalente que faculten para la ocupación de la vivienda.

b) Referencia al contrato de seguro o aval bancario a los que hace referencia el apartado uno.1.a) de esta disposición, con indicación de la denominación de la entidad aseguradora o de la entidad avalista.

c) Designación de la entidad de crédito y de la cuenta a través de la cual se ha de hacer entrega por el adquirente de las cantidades que se hubiese comprometido anticipar como consecuencia del contrato celebrado.

En el momento del otorgamiento del contrato de compraventa, el promotor, incluido el supuesto de comunidades de propietarios o sociedad cooperativa, hará entrega al adquirente del documento que acredite la garantía, referida e individualizada a las cantidades que han de ser anticipadas a cuenta del precio.

Cuatro. Ejecución de la garantía.

Si la construcción no hubiera llegado a iniciarse o la vivienda no hubiera sido entregada, el adquirente podrá optar entre la rescisión del contrato con devolución de las cantidades entregadas a cuenta, incluidos los impuestos aplicables, incrementadas en los intereses legales, o conceder al promotor prórroga, que se hará constar en una cláusula adicional del contrato otorgado, especificando el nuevo período con la fecha de terminación de la construcción y entrega de la vivienda.

Cinco. Cancelación de la garantía.

Expedida la cédula de habitabilidad, la licencia de primera ocupación o el documento equivalente que faculten para la ocupación de la vivienda por el órgano administrativo competente y acreditada por el promotor la entrega de la vivienda al adquirente, se cancelarán las garantías otorgadas por la entidad aseguradora o avalista. Cumplidas las condiciones anteriores, se producirá igual efecto si el adquirente rehusara recibir la vivienda.

Seis. Publicidad de la promoción de viviendas.

En la publicidad de la promoción de viviendas con percepción de cantidades a cuenta con anterioridad a la iniciación de las obras o durante el período de construcción, será obligatorio hacer constar que el promotor ajustará su actuación y contratación al cumplimiento de los requisitos establecidos en la presente Ley, haciendo mención expresa de la entidad aseguradora o avalista garante, así como de la entidad de crédito en la que figura abierta la cuenta especial en la que habrán de ingresarse las cantidades anticipadas.

Siete. Infracciones y sanciones.

El incumplimiento de las obligaciones impuestas en esta disposición constituye infracción en materia de consumo, aplicándose lo dispuesto en el régimen sancionador general sobre protección de los consumidores y usuarios previsto en la legislación general y en la normativa autonómica correspondiente, sin perjuicio de las competencias atribuidas por la normativa vigente a la Dirección General de Seguros y Fondos de Pensiones.

El incumplimiento de la obligación de constituir garantía a la que se refiere el apartado uno.1 de esta disposición dará lugar a una sanción de hasta el 25 por 100 de las cantidades cuya devolución deba ser asegurada o la que corresponda según lo dispuesto en la normativa propia de las Comunidades Autónomas.

Además de lo anterior, se impondrán al promotor, incluido el supuesto de comunidades de propietarios o sociedad cooperativa, las infracciones y sanciones que pudieran corresponder conforme a la legislación específica en materia de ordenación de la edificación.

Ocho. Desarrollo reglamentario.

Reglamentariamente podrán determinarse los organismos públicos de promoción de viviendas que se exceptúen de los requisitos establecidos en esta disposición adicional.

El Gobierno podrá dictar las disposiciones complementarias para el desarrollo de lo dispuesto en esta disposición adicional.

Modificado por Ley 20/2015, de 14 de julio, de ordenación, supervisión y solvencia de las entidades aseguradoras y reaseguradoras. (BOE de 15-07-2015).

D.A. 2.ª Obligatoriedad de las garantías por daños materiales ocasionados por vicios y defectos en la construcción.

Uno. La garantía contra daños materiales a que se refiere el apartado 1.c) del artículo 19 de esta Ley será exigible, a partir de su entrada en vigor, para edificios cuyo destino principal sea el de vivienda.

No obstante, esta garantía no será exigible en el supuesto del autopromotor individual de una única vivienda unifamiliar para uso propio. Sin embargo, en el caso de producirse la transmisión "ínter vivos" dentro del plazo previsto en el párrafo a) del artículo 17.1, el autopromotor, salvo pacto en contrario, quedará obligado a la contratación de la garantía a que se refiere el apartado anterior por el tiempo que reste para completar los diez años. A estos efectos, no se autorizarán ni inscribirán en el Registro de la Propiedad escrituras públicas de transmisión "ínter vivos" sin que se acredite y testimonie la constitución de la referida garantía, salvo que el autopromotor, que deberá acreditar haber utilizado la vivienda, fuese expresamente exonerado por el adquirente de la constitución de la misma.

Tampoco será exigible la citada garantía en los supuestos de rehabilitación de edificios destinados principalmente a viviendas para cuyos proyectos de nueva construcción se solicitaron las correspondientes licencias de edificación con anterioridad a la entrada en vigor de la presente Ley.

Dos. Mediante Real Decreto podrá establecerse la obligatoriedad de suscribir las garantías previstas en los apartados 1.a) y 1.b) del citado artículo 19, para edificios cuyo destino principal sea el de vivienda. Asimismo, mediante Real Decreto podrá establecerse la obligatoriedad de suscribir cualquiera de las garantías previstas en el artículo 19, para edificios destinados a cualquier uso distinto del de vivienda.

Modificado por Ley 53/2002, de 30 de diciembre, de Medidas Fiscales, Administrativas y del Orden Social. (BOE de 31-12-2002).

D.A. 3.ª Intervenciones en el proceso de la edificación de los Cuerpos de Ingenieros de los Ejércitos en el ámbito de la Defensa.

Los miembros de los Cuerpos de Ingenieros de los Ejércitos, cuando intervengan en la realización de edificaciones o instalaciones afectas a la Defensa, se regirán en lo que se refiere a su capacidad profesional por la Ley 17/1999, de 18 de mayo, de Régimen del Personal de las Fuerzas Armadas, y disposiciones reglamentarias de desarrollo.

D.A. 4.ª Coordinador de seguridad y salud.

Las titulaciones académicas y profesionales habilitantes para desempeñar la función de coordinador de seguridad y salud en obras de edificación, durante la elaboración del proyecto y la ejecución de la obra, serán las de arquitecto, arquitecto técnico, ingeniero o ingeniero técnico, de acuerdo con sus competencias y especialidades.

D.A. 5.ª Regulación del derecho de reversión.

Los artículos 54 y 55 de la Ley de Expropiación Forzosa, de 16 de diciembre de 1954, quedan redactados de la manera siguiente:

«Artículo 54.

1. En el caso de no ejecutarse la obra o no establecerse el servicio que motivó la expropiación, así como si hubiera alguna parte sobrante de los bienes expropiados, o desapareciese la afectación, el primitivo dueño o sus causahabientes podrán recobrar la totalidad o la parte sobrante de lo expropiado, mediante el abono a quien fuera su titular de la indemnización que se determina en el artículo siguiente.

2. No habrá derecho de reversión, sin embargo, en los casos siguientes:

a) Cuando simultáneamente a la desafectación del fin que justificó la expropiación se acuerde justificadamente una nueva afectación a otro fin que haya sido declarado de utilidad pública o interés social. En este supuesto la Administración dará publicidad a la sustitución, pudiendo el primitivo dueño o sus causahabientes alegar cuanto estimen oportuno en defensa de su derecho a la reversión, si consideran que no concurren los requisitos exigidos por la ley, así como solicitar la actualización del justiprecio si no se hubiera ejecutado la obra o establecido el servicio inicialmente previstos.

b) Cuando la afectación al fin que justificó la expropiación o a otro declarado de utilidad pública o interés social se prolongue durante diez años desde la terminación de la obra o el establecimiento del servicio.

3. Cuando de acuerdo con lo establecido en los apartados anteriores de este artículo proceda la reversión, el plazo para que el dueño primitivo o sus causahabientes puedan solicitarla será el de tres meses, a contar desde la fecha en que la Administración hubiera notificado el exceso de expropiación, la desafectación del bien o derecho expropiados o su propósito de no ejecutar la obra o de no implantar el servicio.

En defecto de esta notificación, el derecho de reversión podrá ejercitarse por el expropiado y sus causahabientes en los casos y con las condiciones siguientes:

a) Cuando se hubiera producido un exceso de expropiación o la desafectación del bien o derecho expropiados y no hubieran transcurrido veinte años desde la toma de posesión de aquéllos.

b) Cuando hubieran transcurrido cinco años desde la toma de posesión del bien o derecho expropiados sin iniciarse la ejecución de la obra o la implantación del servicio.

c) Cuando la ejecución de la obra o las actuaciones para el establecimiento del servicio estuvieran suspendidas más de dos años por causas imputables a la Administración o al beneficiario de la expropiación sin que se produjera por parte de éstos ningún acto expreso para su reanudación.

4. La competencia para resolver sobre la reversión corresponderá a la Administración en cuya titularidad se halle el bien o derecho en el momento en que se solicite aquélla o a la que se encuentre vinculado el beneficiario de la expropiación, en su caso, titular de los mismos.

5. En las inscripciones en el Registro de la Propiedad del dominio y demás derechos reales sobre bienes inmuebles adquiridos por expropiación forzosa se hará constar el derecho preferente de los reversionistas frente a terceros posibles adquirentes para recuperar el bien o derecho expropiados de acuerdo con lo dispuesto en este artículo y en el siguiente, sin cuya constancia registral el derecho de reversión no será oponible a los terceros adquirentes que hayan inscrito los títulos de sus respectivos derechos conforme a lo previsto en la Ley Hipotecaria.

Artículo 55.

1. Es presupuesto del ejercicio del derecho de reversión la restitución de la indemnización expropiatoria percibida por el expropiado, actualizada conforme a la evolución del índice de precios al consumo en el período comprendido entre la fecha de iniciación del expediente de justiprecio y la de ejercicio del derecho de reversión. La determinación de este importe se efectuará por la Administración en el mismo acuerdo que reconozca el derecho de reversión.

2. Por excepción, si el bien o derecho expropiado hubiera experimentado cambios en su calificación jurídica que condicionaran su valor o hubieran incorporado mejoras aprovechables por el titular de aquel derecho o sufrido menoscabo de valor, se procederá a una nueva valoración del mismo, referida a la fecha de ejercicio del derecho, fijada con arreglo a las normas contenidas en el capítulo III del Título II de esta Ley.

3. La toma de posesión del bien o derecho revertido no podrá tener lugar sin el previo pago o consignación del importe resultante conforme a los apartados anteriores. Dicho pago o consignación deberá tener lugar en el plazo máximo de tres meses desde su determinación en vía administrativa, bajo pena de caducidad del derecho de reversión y sin perjuicio de la interposición de recurso contencioso-administrativa. En este último caso, las diferencias que pudieran resultar de la sentencia que se dicte deberán, asimismo, satisfacerse o reembolsarse, según proceda, incrementadas con los intereses devengados al tipo de interés legal desde la fecha del primer pago en el plazo de tres meses desde la notificación de la sentencia bajo pena de caducidad del derecho de reversión en el primer supuesto.»

D.A. 6.ª Infraestructuras comunes en los edificios para el acceso a los servicios de telecomunicación.

El artículo 2, apartado a), del Real Decreto-ley 1/1998, de 27 de febrero, sobre infraestructuras comunes en los edificios para el acceso a los servicios de telecomunicación, quedará redactado de la siguiente manera:

«a) A todos los edificios y conjuntos inmobiliarios en los que exista continuidad en la edificación, de uso residencial o no y sean o no de nueva construcción, que estén acogidos, o deban acogerse, al régimen de propiedad horizontal regulado por la Ley 49/1960, de 21 de julio, de Propiedad Horizontal, modificada por la Ley 8/1999, de 6 de abril.»

D.A. 7.ª Solicitud de la demanda de notificación a otros agentes.

Quien resulte demandado por ejercitarse contra él acciones de responsabilidad basadas en las obligaciones resultantes de su intervención en el proceso de la edificación previstas en la presente Ley, podrá solicitar, dentro del plazo que la Ley de Enjuiciamiento Civil concede para contestar a la demanda, que ésta se notifique a otro u otros agentes que también hayan tenido intervención en el referido proceso.

La notificación se hará conforme a lo establecido para el emplazamiento de los demandados e incluirá la advertencia expresa a aquellos otros agentes llamados al proceso de que, en el supuesto de que no comparecieren, la sentencia que se dicte será oponible y ejecutable frente a ellos.

D.A. 8.ª Instalación de infraestructuras de red o estaciones radioeléctricas en edificaciones de dominio privado.

Las obras de instalación de infraestructuras de red o estaciones radioeléctricas en edificaciones de dominio privado no requerirán la obtención de licencia de obras o edificación ni otras autorizaciones, si bien, en todo caso el promotor de las mismas habrá de presentar ante la autoridad competente en materia de obras de edificación una declaración responsable donde conste que las obras se llevarán a cabo según un proyecto o una memoria técnica suscritos por técnico competente, según corresponda, justificativa del cumplimiento de los requisitos aplicables del Código Técnico de la Edificación. Una vez ejecutadas y finalizadas las obras de instalación de las infraestructuras de las redes de comunicaciones electrónicas, el promotor deberá presentar ante la autoridad competente una comunicación de la finalización de las obras y de que las mismas se han llevado a cabo según el proyecto técnico o memoria técnica.

Añadida por Ley 9/2014, de 9 de mayo, General de Telecomunicaciones. (BOE de 10-05-2014).

D.A. 9.ª Cumplimiento del principio de no causar daño significativo en el medio ambiente.

Todas las intervenciones que se realicen en los edificios que se encuentren financiadas con cargo a fondos de la Unión Europea o a través del Plan de Recuperación, Transformación y Resiliencia de España, deberán cumplir, además de lo previsto en esta ley y en su normativa de desarrollo, los requisitos exigidos en el marco de los referidos fondos con objeto de respetar el principio de no causar daño significativo en el medio ambiente.

Añadida por Ley 10/2022, de 14 de junio, de medidas urgentes para impulsar la actividad de rehabilitación edificatoria en el contexto del Plan de Recuperación, Transformación y Resiliencia. (BOE de 15-06-2022).

DISPOSICIONES TRANSITORIAS

D.T. 1.ª

Lo dispuesto en esta Ley, salvo en materia de expropiación forzosa en que se estará a lo establecido en la disposición transitoria segunda, será de aplicación a las obras de nueva construcción y a obras en los edificios existentes, para cuyos proyectos se solicite la correspondiente licencia de edificación, a partir de su entrada en vigor.

D.T. 2.ª

Lo establecido en la disposición adicional quinta no será de aplicación a aquellos bienes y derechos sobre los que, a la entrada en vigor de la ley, se hubiera presentado la solicitud de reversión.

D.T. 3.ª Adaptación al régimen introducido por la disposición adicional primera «Percepción de cantidades a cuenta del precio durante la construcción», en su redacción dada por la Ley 20/2015, de 14 de julio, de ordenación, supervisión y solvencia de entidades aseguradoras y reaseguradoras, que modifica la Ley 38/1999, de 5 de noviembre, de Ordenación de la Edificación.

Las entidades aseguradoras deberán, antes del 1 de julio de 2016 y para las cantidades que se entreguen a cuenta a partir de esa fecha, adaptar las pólizas vigentes a 1 de enero de 2016 al régimen introducido por la disposición final tercera.dos de la Ley 20/2015, de

14 de julio, de ordenación, supervisión y solvencia de entidades aseguradoras y reaseguradoras, por la que se modifica la disposición adicional primera «Percepción de cantidades a cuenta del precio durante la construcción» de la Ley 38/1999, de 5 de noviembre, de Ordenación de la Edificación.

Añadida por Ley 20/2015, de 14 de julio, de ordenación, supervisión y solvencia de las entidades aseguradoras y reaseguradoras. (BOE de 15-07-2015).

DISPOSICIONES DEROGATORIAS

D.DT. 1.ª

Quedan derogadas todas las disposiciones de igual o inferior rango que se opongan a lo dispuesto en esta Ley.

D.DT. 2.ª

Los artículos 64 a 70 del Reglamento de la Ley de Expropiación Forzosa, aprobado por Decreto de 26 de abril de 1957, seguirán vigentes en cuanto no se opongan o resulten compatibles con lo establecido en la disposición adicional quinta.

D.DT. 3.ª

Quedan derogadas cuantas disposiciones de igual o inferior rango se opongan a lo establecido en esta Ley y, en particular, las siguientes:
a) La Ley 57/1968, de 27 de julio, sobre percibo de cantidades anticipadas en la construcción y venta de viviendas.
b) El Decreto 3114/1968, de 12 de diciembre, sobre aplicación de la Ley 57/1968, de 27 de julio, a las Comunidades y Cooperativas de Viviendas.
c) La Orden de 29 de noviembre de 1968 sobre el seguro de afianzamiento de cantidades anticipadas para viviendas, en lo que pudiera estar en vigor.

Añadida por Ley 20/2015, de 14 de julio, de ordenación, supervisión y solvencia de las entidades aseguradoras y reaseguradoras. (BOE de 15-07-2015).

DISPOSICIONES FINALES

D.F. 1.ª Fundamento constitucional.

Esta Ley se dicta al amparo de la competencia que corresponde al Estado de conformidad con los artículos de la Constitución siguientes:
a) El artículo 149.1.6.a, 8.a y 30.a en relación con las materias civiles y mercantiles de los capítulos I y II y con las obligaciones de los agentes de la edificación y atribuciones derivadas del ejercicio de las profesiones establecidas en el capítulo III, sin perjuicio de los derechos civiles, forales o especiales existentes en determinadas Comunidades Autónomas.
b) El artículo 149.1.16.a, 21.a, 23.a y 25.a para el artículo 3.
c) El artículo 149.1.6.a, 8.a y 11.a para el capítulo IV.
d) El artículo 149.1.18.a para la disposición adicional quinta.
Lo dispuesto en esta Ley será de aplicación sin perjuicio de las competencias legislativas y de ejecución que tengan asumidas las Comunidades Autónomas en este ámbito.

D.F. 2.ª Autorización al Gobierno para la aprobación de un Código Técnico de la Edificación.

Se autoriza al Gobierno para que, mediante Real Decreto y en el plazo de dos años a contar desde la entrada en vigor de esta Ley, apruebe un Código Técnico de la Edificación que establezca las exigencias que deben cumplir los edificios en relación con los requisitos básicos establecidos en el artículo 3, apartados 1.b) y 1.c).
Hasta su aprobación, para satisfacer estos requisitos básicos se aplicarán las normas básicas de la edificación NBE que regulan las exigencias técnicas de los edificios y que se enumeran a continuación:
NBE CT-79 Condiciones térmicas en los edificios.

NBE CA-88 Condiciones acústicas en los edificios.
NBE AE-88 Acciones en la edificación.
NBE FL-90 Muros resistentes de fábrica de ladrillo.
NBE QB-90 Cubiertas con materiales bituminosos.
NBE EA-95 Estructuras de acero en edificación.
NBE CPI-96 Condiciones de protección contra incendios en los edificios.

Asimismo, se aplicará el resto de la reglamentación técnica de obligado cumplimiento que regule alguno de los requisitos básicos establecidos en el artículo 3.

D.F. 3.ª Adaptación del Reglamento de la Ley de Expropiación Forzosa.

El Gobierno, en un plazo de seis meses, adaptará la sección 4.ª del capítulo IV del Título II del Reglamento de la Ley de Expropiación Forzosa a lo dispuesto en esta Ley.

D.F. 4.ª Entrada en vigor.

Esta Ley entrará en vigor a los seis meses de su publicación en el «Boletín Oficial del Estado», salvo sus disposiciones adicional quinta, transitoria segunda, derogatoria primera por lo que se refiere a la legislación en materia de expropiación forzosa, derogatoria segunda, y final tercera que entrarán en vigor el día siguiente al de dicha publicación.

Por tanto,
Mando a todos los españoles, particulares y autoridades, que guarden y hagan guardar esta Ley.

Madrid, 5 de noviembre de 1999.

JUAN CARLOS R.

El Presidente del Gobierno,
JOSÉ MARÍA AZNAR LÓPEZ

Edificación

LEGISLACIÓN CATALANA

LEY 5/2006, DE 10 DE MAYO, DEL LIBRO QUINTO DEL CÓDIGO CIVIL DE CATALUÑA, RELATIVO A DERECHOS REALES

–DOGC Nº 4640, de 24 de mayo de 2006–

(Extracto: Capítulo III del Título V del Libro V; D.T. 5.ª a 8.ª)

LIBRO QUINTO
DE LOS DERECHOS REALES

(…)

TÍTULO V
De las situaciones de comunidad

(…)

CAPÍTULO III
Régimen jurídico de la propiedad horizontal

Sección primera. Disposiciones generales

Subsección primera. Configuración de la comunidad

ART. 553-1. Definición

1. El régimen jurídico de la propiedad horizontal implica, para los propietarios, el derecho de propiedad en exclusiva sobre los elementos privativos y en comunidad con los demás propietarios sobre los elementos comunes.

2. El régimen jurídico de la propiedad horizontal requiere el otorgamiento del título de constitución y supone:

a) La existencia, presente o futura, de uno o más titulares de la propiedad de al menos un inmueble integrado por elementos privativos y elementos comunes.

b) La determinación de la cuota de participación en los elementos comunes que corresponde a cada elemento privativo.

c) La configuración de una organización para el ejercicio de los derechos y el cumplimiento de los deberes de los propietarios.

3. Los elementos comunes son inseparables de los elementos privativos. Los actos de enajenación y gravamen y el embargo de los elementos privativos se extienden a la participación que les corresponde en los elementos comunes.

4. El régimen de la propiedad horizontal excluye la acción de división sobre los elementos comunes y los derechos de adquisición preferente de carácter legal entre propietarios de diferentes elementos privativos. Esta exclusión no afecta a las situaciones de comunidad indivisa sobre los elementos privativos.

Modificado por Ley 5/2015, de 13 de mayo, de modificación del libro quinto del Código civil de Cataluña, relativo a los derechos reales. (DOGC de 20-05-2015).

Ver arts. 3 y 4 de la LPH estatal; ver arts. 553-3, 553-9.1.b), 553-49, 553-57.1 c) del mismo CCCat (Código Civil de Cataluña) acerca de la cuota.

ART. 553-2. Objeto

1. Pueden ser objeto de propiedad horizontal los edificios y cualesquiera otros inmuebles, incluso en construcción, en los que coexistan elementos privativos, constituidos por viviendas, locales o espacios físicos susceptibles de independencia funcional y de atribución a diferentes propietarios, con elementos comunes, necesarios para el uso y disfrute adecuado de los privativos.

2. Puede constituirse un régimen de propiedad horizontal en los casos de coexistencia en suelo, vuelo o subsuelo de edificaciones o usos privados y dominio público, de puertos deportivos con relación a los puntos de amarre, de mercados con relación a las paradas, de cementerios con relación a las sepulturas y en otros semejantes. Estas situaciones se rigen por los preceptos del presente capítulo adaptados a la naturaleza específica de cada caso y por la normativa administrativa que les es de aplicación.

Modificado por Ley 5/2015, de 13 de mayo, de modificación del libro quinto del Código civil de Cataluña, relativo a los derechos reales. (DOGC de 20-05-2015).

Ver arts. 2 y 3 de la LPH.

ART. 553-3. Cuota

1. La cuota de participación:

a) Determina y concreta la participación que corresponde a los elementos privativos sobre la propiedad de los elementos comunes.

b) Sirve de módulo para fijar la participación en las cargas, los beneficios, la gestión y el gobierno de la comunidad y los derechos de los propietarios en caso de extinción del régimen.

c) Establece la distribución de los gastos y el reparto de los ingresos, salvo pacto en contrario.

2. Las cuotas de participación correspondientes a los elementos privativos se expresan en porcentaje sobre el total del inmueble y se fijan proporcionalmente a la superficie y ponderando el uso, el destino y los demás datos físicos y jurídicos de los bienes que integran la comunidad.

3. Las cuotas de participación se determinan y se modifican por acuerdo unánime de los propietarios o, si este no es posible, por medio de la autoridad judicial o de un procedimiento de resolución extrajudicial de conflictos.

4. Pueden establecerse, además de la cuota de participación, cuotas especiales para determinados gastos.

Modificado por Ley 5/2015, de 13 de mayo, de modificación del libro quinto del Código civil de Cataluña, relativo a los derechos reales. (DOGC de 20-05-2015).

Ver arts. 3, 5 y 9 de la LPH.

Ver art. 553-25 del CCCat, sobre acuerdos. La necesidad de acuerdo unánime de los propietarios para la determinación y modificación de la cuota supone una excepción respecto de los quórum previstos en este artículo.

ART. 553-4. Créditos y deudas

1. Todos los propietarios son titulares mancomunados, tanto de los créditos constituidos a favor de la comunidad como de las deudas contraídas válidamente en su gestión, de acuerdo con las respectivas cuotas de participación.

2. El importe de la contribución de cada propietario a los gastos comunes, ordinarios y extraordinarios, y al fondo de reserva es el que resulta del acuerdo de la junta y de la liquidación de la deuda según la cuota que corresponda.

3. Los créditos de la comunidad contra los propietarios por los gastos comunes, ordinarios y extraordinarios, y por el fondo de reserva correspondientes a la parte vencida del año en curso y

a los cuatro años inmediatamente anteriores, contados del 1 de enero al 31 de diciembre, tienen preferencia de cobro sobre el elemento privativo con la prelación que determine la ley.

4. Los créditos devengan intereses desde el momento en que debe efectuarse el pago correspondiente y este no se hace efectivo.

Modificado por Ley 5/2015, de 13 de mayo, de modificación del libro quinto del Código civil de Cataluña, relativo a los derechos reales. (DOGC de 20-05-2015).

Téngase en cuenta que el apartado 3 solo se aplica a los créditos que se reclamen judicialmente o a las transmisiones que se produzcan a partir del 20 de junio de 2015, según se establece en el apdo. 3 de la disposición final de la Ley 5/2015, de 13 de mayo, de modificación del libro quinto del Código civil de Cataluña, relativo a los derechos reales.

Ver arts. 9.1.e) y 22 de la LPH.

Apdo. 3: Ver D.F. Única de la Ley 5/2015, de 13 de mayo, de modificación del libro quinto del Código civil de Cataluña

ART. 553-5. Afectación real

1. Los elementos privativos están afectados con carácter real y responden del pago de los importes que deben los titulares, así como los anteriores titulares, por razón de los gastos comunes, ordinarios o extraordinarios, y por el fondo de reserva, que correspondan a la parte vencida del año en curso y a los cuatro años inmediatamente anteriores, contados del 1 de enero al 31 de diciembre, sin perjuicio, si procede, de la responsabilidad de quien transmite.

2. Los transmitentes de un elemento privativo deben declarar que están al corriente de los pagos que les corresponden o, si procede, deben especificar los que tienen pendientes y deben aportar un certificado relativo al estado de sus deudas con la comunidad, expedido por quien ejerce la secretaría, en el que deben constar, además, los gastos comunes, ordinarios y extraordinarios, y las aportaciones al fondo de reserva aprobados pero pendientes de vencimiento. Sin esta manifestación y esta aportación no puede otorgarse la escritura pública, salvo que las partes renuncien expresamente a ellas. En cualquier caso, sin perjuicio de la afección real establecida por el apartado 1, el transmitente responde de la deuda que tiene con la comunidad en el momento de la transmisión.

3. El certificado a que se refiere el apartado 2 no requiere el visto bueno de la presidencia si la administración de la comunidad la lleva un profesional que ejerce la secretaría.

Modificado por Ley 5/2015, de 13 de mayo, de modificación del libro quinto del Código civil de Cataluña, relativo a los derechos reales. (DOGC de 20-05-2015).

Téngase en cuenta que el apartado 1 solo se aplica a los créditos que se reclamen judicialmente o a las transmisiones que se produzcan a partir del 20 de junio de 2015, según se establece en el apdo. 3 de la disposición final de la Ley 5/2015, de 13 de mayo, de modificación del libro quinto del Código civil de Cataluña, relativo a los derechos reales.

Ver art. 9.1.e) de la LPH.

Apdo. 1: Ver D.F. Única de la Ley 5/2015, de 13 de mayo, de modificación del libro quinto del Código civil de Cataluña

ART. 553-6. Fondos de reserva

1. En el presupuesto de la comunidad debe figurar una cantidad no inferior al 5 % de los gastos comunes destinada a la constitución de un fondo de reserva.

2. La titularidad del fondo de reserva es de todos los propietarios y el fondo queda afectado a la comunidad sin que ningún propietario tenga derecho a reclamar su devolución en el momento de la enajenación del elemento privativo.

3. El fondo de reserva debe figurar en contabilidad separada y debe depositarse en una cuenta bancaria especial a nombre de la comunidad. Los administradores solo pueden disponer de él, con la autorización de la presidencia, para atender gastos de la comunidad imprevistos de carácter urgente o, con la autorización de la junta de propietarios, para hacer frente a las obras extraordinarias de conservación, reparación, rehabilitación, instalación de nuevos servicios comunes y seguridad, así como para las que sean exigibles de acuerdo con las normativas especiales.

4. Los remanentes del fondo de reserva de cada año se acumulan en el fondo del año siguiente.

Modificado por Ley 5/2015, de 13 de mayo, de modificación del libro quinto del Código civil de Cataluña, relativo a los derechos reales. (DOGC de 20-05-2015).

Ver art. 9.1.f) de la LPH.

Legislación Catalana

Subsección segunda. Constitución de la comunidad

ART. 553-7. Establecimiento del régimen

1. El inmueble se somete al régimen de propiedad horizontal desde el otorgamiento del título de constitución, aunque la construcción no esté terminada.

2. El título de constitución se inscribe en el Registro de la Propiedad de conformidad con la legislación hipotecaria y a los efectos que esta legislación establece.

Modificado por Ley 5/2015, de 13 de mayo, de modificación del libro quinto del Código civil de Cataluña, relativo a los derechos reales. (DOGC de 20-05-2015).

Ver art. 5 de la LPH.

ART. 553-8. Legitimación

1. Están legitimados para el establecimiento del régimen de la propiedad horizontal el propietario o propietarios del inmueble que lo sean en el momento del otorgamiento del título de constitución.

2. El promotor que haya transmitido una cuota indivisa del inmueble no puede hacer uso de la facultad que le concede el artículo 552-11.4. En este caso, cualquier adquiriente puede exigir el otorgamiento inmediato del título de constitución de acuerdo con el proyecto por el que se ha obtenido la licencia correspondiente.

3. Cuando el propietario del inmueble que ha enajenado elementos privativos en un documento privado otorga la correspondiente escritura pública, debe reseñar el título de constitución e incorporar a ella los estatutos y demás normas de la comunidad.

Modificado por Ley 5/2015, de 13 de mayo, de modificación del libro quinto del Código civil de Cataluña, relativo a los derechos reales. (DOGC de 20-05-2015).

Ver art. 5 de la LPH.

El art. 552-11.4 del CCCat establece: «El cotitular o la cotitular que lo es de las cuatro quintas partes de las cuotas o más puede exigir la adjudicación de la totalidad del bien objeto de la comunidad pagando en metálico el valor pericial de la participación de los demás cotitulares.»

ART. 553-9. Escritura de constitución y constancia en el Registro de la Propiedad

1. El título de constitución del régimen de propiedad horizontal debe constar en una escritura pública, que en todo caso debe contener:

a) La descripción del inmueble en conjunto, que debe indicar si está terminado o no, y la relación de los elementos, instalaciones y servicios comunes de que dispone.

b) La descripción de todos los elementos privativos, con el correspondiente número de orden interno en el inmueble, la cuota general de participación y, si procede, las especiales que les corresponden, así como la superficie útil, la situación, los límites, la planta, el destino y, si procede, los espacios físicos o los derechos que constituyan sus anexos o vinculaciones.

c) Un plano descriptivo del inmueble.

d) Los estatutos, si existen.

e) Las reservas de derechos o facultades, si existen, establecidas a favor del promotor o de los constituyentes del régimen.

f) La previsión, si procede, de formación de subcomunidades.

2. Los preceptos del presente capítulo se aplican en todo lo no establecido por el título de constitución.

3. En la misma escritura de constitución o en otra previa, es preciso que se declare la obra nueva de acuerdo con lo establecido por la legislación hipotecaria y las demás normas que sean de aplicación.

4. El régimen de la propiedad horizontal se inscribe en el Registro de la Propiedad de acuerdo con la legislación hipotecaria, por medio de una inscripción general para el inmueble y de tantos folios como fincas privativas existan.

5. Las estipulaciones establecidas en la constitución del régimen, o en cualquier otro documento, que impliquen una reserva de la facultad de modificación unilateral del título de constitución a favor del constituyente, o que le permitan decidir en el futuro asuntos de competencia de la junta de propietarios, son nulas.

Modificado por Ley 5/2015, de 13 de mayo, de modificación del libro quinto del Código civil de Cataluña, relativo a los derechos reales. (DOGC de 20-05-2015).

Ver art. 5 de la LPH. Ver Ley Hipotecaria y Reglamento Hipotecario.

ART. 553-10. Modificación del título de constitución

1. Para modificar el título de constitución es preciso el acuerdo de la junta de propietarios y que la escritura observe los requisitos del artículo 553-9 que sean de aplicación a la modificación de que se trate.

2. No es preciso el acuerdo de la junta de propietarios para la modificación del título de constitución si la motivan los siguientes hechos:

a) El ejercicio de un derecho de vuelo, sobreelevación, subedificación y edificación si se ha previsto así al constituir el régimen o el derecho.

b) Las agrupaciones, agregaciones, segregaciones y divisiones de los elementos privativos o las desvinculaciones de anexos, si los estatutos así lo establecen.

c) Las alteraciones del destino de los elementos privativos, salvo que los estatutos las prohíban expresamente.

d) La ejecución de actuaciones ordenadas por la Administración pública de conformidad con la legislación vigente en materia urbanística, de habitabilidad, de accesibilidad y sobre rehabilitación, regeneración y renovación urbanas.

3. La formalización de las operaciones de modificación, incluso la de la suma o redistribución de las cuotas afectadas, corresponde a los titulares de los derechos o propietarios de elementos privativos implicados en lo que resulte o sea consecuencia de las operaciones de modificación realizadas al amparo de lo establecido por el apartado 2.

Modificado por Ley 5/2015, de 13 de mayo, de modificación del libro quinto del Código civil de Cataluña, relativo a los derechos reales. (DOGC de 20-05-2015).

Ver arts. 5 y 17 de la LPH.

Ver arts. 553-19 y 553-25 del CCCat sobre atribuciones y acuerdos de la Junta de Propietarios.

ART. 553-11. Estatutos

1. Los estatutos regulan los aspectos referentes al régimen jurídico real de la comunidad y pueden contener reglas sobre las siguientes cuestiones:

a) El destino, uso y aprovechamiento de los elementos privativos y de los elementos comunes.

b) Las limitaciones de uso y demás cargas de los elementos privativos.

c) El ejercicio de los derechos y el cumplimiento de las obligaciones.

d) La aplicación de gastos e ingresos y la distribución de cargas y beneficios.

e) Los órganos de gobierno complementarios de los establecidos por el presente código y sus competencias.

f) La forma de gestión y administración.

2. Son válidas las siguientes cláusulas estatutarias, entre otras:

a) Las que permiten las operaciones de agrupación, agregación, segregación y división de elementos privativos y las de desvinculación de anexos con creación de nuevas entidades sin consentimiento de la junta de propietarios. En este caso, las cuotas de participación de las fincas resultantes se fijan por la suma o la distribución de las cuotas de los elementos privativos afectados.

b) Las que exoneran a determinados propietarios de elementos privativos de la obligación de satisfacer los gastos de conservación de elementos comunes concretos, que pueden incluir las del portal, la escalera, los ascensores, los jardines, las zonas de recreo y demás espacios semejantes.

c) Las que establecen la utilización exclusiva y, si procede, el cierre de una parte del solar, o de las cubiertas o de cualquier otro elemento común o parte determinada de este en favor de algún elemento privativo.

d) Las que permiten el uso o el disfrute de elementos comunes mediante la colocación de carteles de publicidad.

e) Las que limitan las actividades que pueden realizarse en los elementos privativos.

f) Las que prevén la resolución de los conflictos mediante el arbitraje o la mediación para cualquier cuestión del régimen de la propiedad horizontal.

3. Las normas de los estatutos que no estén inscritas en el Registro de la Propiedad no perjudican a terceros de buena fe.

Modificado por Ley 5/2015, de 13 de mayo, de modificación del libro quinto del Código civil de Cataluña, relativo a los derechos reales. (DOGC de 20-05-2015).

Ver art. 5 de la LPH.

Legislación
Catalana

ART. 553-12. Reglamento de régimen interior

1. El reglamento de régimen interior, que no puede oponerse a los estatutos, contiene las reglas internas referentes a las relaciones de convivencia y buena vecindad entre los propietarios y a la utilización de los elementos de uso común y de las instalaciones.

2. El reglamento de régimen interior obliga siempre a los propietarios y usuarios de los elementos privativos.

Modificado por Ley 5/2015, de 13 de mayo, de modificación del libro quinto del Código civil de Cataluña, relativo a los derechos reales. (DOGC de 20-05-2015).

Ver art. 6 de la LPH.

En relación con el quórum necesario para aprobar el Reglamento, ver el art. 553-25.2.d) del mismo CCCat.

ART. 553-13. Constitución y reserva del derecho de vuelo

1. La constitución o la reserva expresa del derecho para sobreelevar, subedificar o edificar en el mismo solar del inmueble a favor de los constituyentes o de terceras personas es válida si la establece el título de constitución del régimen de propiedad horizontal.

2. Los titulares del derecho de vuelo están facultados para edificar a su cargo de acuerdo con el título de constitución del derecho, para hacer suyos los elementos privativos que resultan de él y para otorgar, solos y a su cargo, las correspondientes declaraciones o ampliaciones de obra nueva y, si se ha previsto al constituir el régimen o el derecho, la modificación de la división horizontal. El ejercicio sucesivo del derecho con la construcción de la nueva edificación supone la redistribución de las cuotas de participación, que llevan a cabo los titulares de los derechos reservados de acuerdo con el presente código y con el título de constitución, sin necesidad del consentimiento de la junta de propietarios.

3. La constitución o la reserva a que se refiere el apartado 1 solo es válida si consta en una cláusula específica y el derecho se constituye de acuerdo con el artículo 567-2.

Modificado por Ley 5/2015, de 13 de mayo, de modificación del libro quinto del Código civil de Cataluña, relativo a los derechos reales. (DOGC de 20-05-2015).

Ver art. 5 de la LPH, Ley Hipotecaria y Reglamento Hipotecario.

El art. 567-2 del CCCat establece:

«1. El derecho de vuelo debe constar necesariamente en escritura pública, que debe contener, al menos, los siguientes datos:

a) El número máximo de plantas, edificios, si procede, y elementos privativos que pueden construirse, de acuerdo con la normativa urbanística y de la propiedad horizontal vigentes en el momento de constituirse el derecho.

b) Los criterios que deben aplicarse en la determinación de las cuotas de participación que corresponden a los elementos privativos situados en las plantas o edificios nuevos y las que corresponden a los situados en las plantas o edificios preexistentes, que deben garantizar la proporcionalidad adecuada entre todas.

c) El plazo para ejercerlo, que no puede superar en ningún caso, sumándole las prórrogas, los treinta años.

d) El precio o contraprestación que, si procede, debe satisfacer la persona que adquiere el derecho, o bien la forma en que se valora este si se reserva.

2. El título de constitución del derecho de vuelo puede incluir los siguientes contenidos:

a) Las normas de comunidad o de propiedad horizontal por las que debe regirse el edificio una vez se ha ejercido.

b) La limitación de la disponibilidad del derecho de vuelo.

c) La facultad de los titulares del derecho de vuelo de establecer o modificar el régimen de propiedad horizontal, de modificar la descripción del edificio preexistente y de fijar o redistribuir las cuotas de participación sin el consentimiento de los concedentes.

d) Los demás pactos lícitos que se consideren convenientes.

3. La constitución del derecho de vuelo y sus modificaciones pueden oponerse a terceras personas de buena fe desde que se efectúa su inscripción en el Registro de la Propiedad en la forma y con los efectos establecidos por la legislación hipotecaria o desde que las terceras personas han tenido conocimiento de las mismas.»

ART. 553-14. Extinción del régimen

1. El régimen de propiedad horizontal se extingue voluntariamente por acuerdo unánime de la junta de propietarios de conversión en otro tipo de comunidad o por decisión del propietario único. El acuerdo o decisión requiere el consentimiento de los titulares de derechos

reales sobre los elementos privativos o comunes afectados. En cualquier caso, se presume otorgado el consentimiento si el titular del derecho real no ha manifestado su oposición al acuerdo o decisión en el plazo de un mes a contar de la fecha en que se le haya notificado.

2. El régimen de propiedad horizontal se extingue en los supuestos de destrucción, declaración de ruina y expropiación forzosa del inmueble. Sin embargo, en el título de constitución puede estipularse que el régimen no se extinga pese a la destrucción o la declaración de ruina para proceder a la rehabilitación o reconstrucción del inmueble a cargo de los propietarios.

> *Modificado por Ley 5/2015, de 13 de mayo, de modificación del libro quinto del Código civil de Cataluña, relativo a los derechos reales. (DOGC de 20-05-2015).*
>
> *Ver art. 23 de la LPH.*
>
> *Ver art. 553-25.4 del mismo CCCat, respecto del cual la exigencia de acuerdo unánime para la extinción del régimen constituye una excepción.*

Subsección tercera. Órganos de la comunidad

ART. 553-15. Organización de la comunidad

1. Los órganos de la comunidad son la presidencia, la secretaría y la junta de propietarios. Los dos primeros son unipersonales. El cargo de la presidencia debe ser ejercido por un propietario. La secretaría puede ser ejercida por un propietario o por la persona externa a la comunidad que asuma las funciones de administración.

2. La comunidad puede encargar la administración a un profesional externo que cumpla las condiciones profesionales legalmente exigibles. En este caso, las funciones de administración incluyen también las de secretaría.

3. Los cargos son designados por la junta de propietarios, ante la cual responden de sus actuaciones. También puede designarlos el promotor del inmueble, en cuyo caso ejercen hasta la primera reunión de la junta de propietarios.

4. Los cargos son reelegibles, duran un año y se entienden prorrogados hasta que se celebre la junta ordinaria siguiente al vencimiento del plazo para el que se designaron.

5. El ejercicio de los cargos es obligatorio, a pesar de que la junta de propietarios puede considerar la alegación de motivos de excusa fundamentados. La designación se efectúa, en defecto de candidatos, por un turno rotatorio o por sorteo entre las personas que no han ejercido el cargo.

6. Los cargos no son remunerados, salvo que recaigan en personas ajenas a la comunidad, en cuyo caso pueden serlo. En cualquier caso, se tiene el derecho a resarcirse de los gastos ocasionados por el ejercicio del cargo.

7. Los estatutos pueden regular la creación de otros órganos, además de los establecidos por el apartado 1.

8. En la designación de los cargos no debe producirse ningún tipo de discriminación por razón de sexo, orientación sexual, origen o creencias ni por ningún otro motivo.

9. En los casos en que el número de propietarios sea inferior a tres, y mientras se mantenga esta situación, el régimen de funcionamiento de la organización de la comunidad es el que el artículo 552-7 establece para la comunidad ordinaria indivisa.

> *Modificado por Ley 5/2015, de 13 de mayo, de modificación del libro quinto del Código civil de Cataluña, relativo a los derechos reales. (DOGC de 20-05-2015).*
>
> *Ver art. 13 apartados 1, 5, 6, 7 y 8 de la LPH.*
>
> *Ver art. 553-11 del CCCat sobre los Estatutos, art. 553-16 del mismo Código sobre la Presidencia, art. 553-17 sobre la Secretaría, art. 553-18 sobre el Administrador, arts. 553-19 a 553-32 sobre la Junta de Propietarios, su funcionamiento, acuerdos e impugnación de éstos.*

ART. 553-16. Presidencia

1. Corresponden a la presidencia las siguientes funciones:

a) Convocar y presidir las reuniones de la junta de propietarios.

b) Representar a la comunidad judicial y extrajudicialmente.

c) Elevar a públicos los acuerdos, si procede.

d) Velar por el buen funcionamiento de la comunidad y por el cumplimiento de los deberes del secretario y del administrador.

e) Cualesquiera otras funciones que establezca la ley.

2. La junta de propietarios puede designar un vicepresidente, que ejerce las funciones de la presidencia en caso de muerte, imposibilidad, ausencia o incapacidad de su titular. También puede ejercer las funciones que la presidencia le haya delegado expresamente.

Modificado por Ley 5/2015, de 13 de mayo, de modificación del libro quinto del Código civil de Cataluña, relativo a los derechos reales. (DOGC de 20-05-2015).

Ver art. 13, apdos. 2 y 3 de la LPH.

ART. 553-17. Secretaría

El secretario extiende las actas de las reuniones, realiza las notificaciones, expide los certificados y custodia, durante cinco años como mínimo, las convocatorias, las comunicaciones, los poderes, la documentación contable y los demás documentos relevantes de las reuniones y de la comunidad. La custodia y la teneduría de los libros de actas son reguladas por el artículo 553-28.

Modificado por Ley 5/2015, de 13 de mayo, de modificación del libro quinto del Código civil de Cataluña, relativo a los derechos reales. (DOGC de 20-05-2015).

Ver art. 19.4 de la LPH.

ART. 553-18. Administración

1. El administrador gestiona los asuntos ordinarios de la comunidad y ejerce las siguientes funciones:

a) Tomar las medidas convenientes y hacer los actos necesarios para conservar los bienes y el funcionamiento correcto de los servicios de la comunidad.

b) Velar por que los propietarios cumplan las obligaciones y hacerles las advertencias pertinentes.

c) Preparar las cuentas anuales del ejercicio precedente y el presupuesto.

d) Ejecutar los acuerdos de la junta de propietarios y efectuar los cobros y pagos que correspondan.

e) Decidir la ejecución de las obras de conservación y reparación de carácter urgente, de todo lo cual debe dar cuenta inmediatamente a la presidencia.

f) Pagar, con autorización de la presidencia, los gastos de carácter urgente que pueden correr a cargo del fondo de reserva.

g) Las demás funciones que expresamente le sean delegadas por la junta de propietarios o atribuidas por la ley.

2. El administrador es responsable de su actuación ante la junta de propietarios.

Modificado por Ley 5/2015, de 13 de mayo, de modificación del libro quinto del Código civil de Cataluña, relativo a los derechos reales. (DOGC de 20-05-2015).

Ver art. 20 de la LPH.

ART. 553-19. Junta de propietarios

1. La junta de propietarios, integrada por todos los propietarios de elementos privativos, es el órgano supremo de la comunidad.

2. La junta de propietarios tiene las competencias no atribuidas expresamente a otros órganos y, como mínimo, las siguientes:

a) El nombramiento y remoción de las personas que deben ocupar u ocupan los cargos de la comunidad.

b) La modificación del título de constitución.

c) La aprobación y modificación de los estatutos y del reglamento de régimen interior.

d) La aprobación de los presupuestos y de las cuentas anuales.

e) La aprobación de la realización de reparaciones de carácter ordinario no presupuestadas y de las de carácter extraordinario y de mejora, de su importe y de la imposición de derramas para su financiación.

f) El establecimiento o modificación de los criterios generales para fijar o modificar cuotas.

g) La extinción voluntaria del régimen.

Modificado por Ley 5/2015, de 13 de mayo, de modificación del libro quinto del Código civil de Cataluña, relativo a los derechos reales. (DOGC de 20-05-2015).

Ver art. 14 de la LPH.

ART. 553-20. Reuniones

1. La junta de propietarios debe reunirse, de forma ordinaria, una vez al año para aprobar las cuentas y el presupuesto y para elegir a las personas que deben ejercer los cargos.

2. La junta de propietarios debe reunirse cuando lo considere conveniente el presidente y cuando lo solicite, como mínimo, una cuarta parte de los propietarios o los que representen una cuarta parte de las cuotas de participación.

3. Los estatutos pueden establecer la convocatoria de reuniones especiales para tratar de cuestiones que afecten solo a propietarios determinados o, si procede, a las subcomunidades.

4. La junta de propietarios puede reunirse sin convocatoria si concurren a ella todos los propietarios y acuerdan por unanimidad la celebración de la reunión y su orden del día.

Modificado por Ley 5/2015, de 13 de mayo, de modificación del libro quinto del Código civil de Cataluña, relativo a los derechos reales. (DOGC de 20-05-2015).

Ver art. 16 apartados 1 y 2 de la LPH.

ART. 553-21. Convocatorias

1. La presidencia convoca las reuniones de la junta de propietarios. En caso de vacante, inactividad o negativa de la presidencia, puede convocar la reunión la vicepresidencia o, en caso de vacante, inactividad o negativa de esta, los propietarios que promueven la reunión de acuerdo con el artículo 553-20.2.

2. Las convocatorias, citaciones y notificaciones, salvo que los estatutos establezcan expresamente otra cosa, deben enviarse, con una antelación mínima de ocho días naturales, a la dirección comunicada por el propietario a la secretaría. El envío puede hacerse por correo postal o electrónico, o por otros medios de comunicación, siempre y cuando se garantice la autenticidad de la comunicación y de su contenido. Si el propietario no ha comunicado dirección alguna, deben enviarse al elemento privativo del que es titular. Además, el anuncio de la convocatoria debe publicarse con la misma antelación en el tablón de anuncios de la comunidad o en un lugar visible habilitado a tal efecto. Dicho anuncio produce el efecto de notificación efectiva cuando la personal no ha tenido éxito.

3. En el caso de juntas extraordinarias para tratar de asuntos urgentes, tan solo es preciso que los propietarios hayan podido tener conocimiento de las convocatorias, citaciones y notificaciones antes de la fecha en que deba celebrarse la reunión.

4. La convocatoria de la reunión de la junta de propietarios debe expresar de forma clara y detallada:

a) El orden del día. Si la reunión se convoca a petición de propietarios promotores, deben constar en él los puntos que proponen. El orden del día incluye, entre otros asuntos, los propuestos por escrito a la presidencia, antes de la convocatoria, por cualquiera de los propietarios.

b) El día, el lugar y la hora de la reunión.

c) La advertencia que, con relación a los acuerdos a que se refiere el artículo 553-26, los votos de los propietarios que no asisten a la reunión se computan en el sentido del acuerdo tomado por la mayoría, sin perjuicio de su derecho de oposición.

d) La lista de los propietarios con deudas pendientes con la comunidad por razón de las cuotas, los cuales, de conformidad con el artículo 553-24, tienen voz pero no tienen derecho de voto, de todo lo cual es preciso advertir.

5. La documentación relativa a los asuntos a tratar debe enviarse a los propietarios junto a la convocatoria, o bien debe indicarse el lugar donde se halla a su disposición. Si las funciones de administración de la comunidad las realiza un profesional externo, este debe tener dicha documentación a disposición de los propietarios desde el momento en que se envía la convocatoria.

Modificado por Ley 5/2015, de 13 de mayo, de modificación del libro quinto del Código civil de Cataluña, relativo a los derechos reales. (DOGC de 20-05-2015).

Ver art. 16.2 y 16.3 de la LPH sobre convocatorias y sus requisitos; art. 9 de la misma sobre domicilio y notificaciones.

ART. 553-22. Asistencia

1. El derecho de asistencia a la junta corresponde a los propietarios, los cuales asisten personalmente o por representación legal, orgánica o voluntaria, que debe acreditarse por escrito. Los estatutos pueden establecer, o la junta de propietarios puede acordar, que pueda asistirse por videoconferencia o por otros medios telemáticos de comunicación sincrónica similares.

2. El derecho de asistencia incluye el derecho de voz y el derecho de voto en la junta de propietarios, sin perjuicio de lo establecido por el artículo 553-24.

3. En caso de comunidad de un elemento privativo, los cotitulares designan a uno para que ejerza el derecho a asistir a la junta de propietarios.

4. En el usufructo se entiende que los nudos propietarios, si no consta su manifestación en contra, son representados por los usufructuarios. La representación debe ser expresa si deben adoptarse acuerdos sobre el título de constitución, los estatutos y las obras extraordinarias o de mejora.

Modificado por Ley 5/2015, de 13 de mayo, de modificación del libro quinto del Código civil de Cataluña, relativo a los derechos reales. (DOGC de 20-05-2015).

Ver art. 15 LPH.

ART. 553-23. Constitución

1. La junta de propietarios se constituye válidamente sea cual sea el número de propietarios que concurran y las cuotas de las que sean titulares o representantes.

2. La junta de propietarios, si no asisten el presidente ni el vicepresidente, designa a un propietario entre los asistentes para que la presida.

3. La junta de propietarios, si no asiste el secretario, designa a uno entre los asistentes.

Modificado por Ley 5/2015, de 13 de mayo, de modificación del libro quinto del Código civil de Cataluña, relativo a los derechos reales. (DOGC de 20-05-2015).

Ver art. 16.2 de la LPH.

ART. 553-24. Derecho de voto

1. Tienen derecho a votar en la junta los propietarios que no tengan deudas pendientes con la comunidad cuando la junta se reúne. Los propietarios que tengan deudas pendientes con la comunidad tienen derecho a votar si acreditan que han consignado judicial o notarialmente su importe o que las han impugnado judicialmente.

2. El derecho de voto se ejerce de las siguientes formas:

a) Personalmente.

b) Por representación, de acuerdo con lo establecido por el artículo 553-22.1.

c) Por delegación en otro propietario, efectuada mediante un escrito que designe nominativamente a la persona delegada y en el que puede indicarse el sentido del voto con relación a los puntos del orden del día. La delegación debe efectuarse para una reunión concreta de la junta de propietarios y debe recibirse antes de que comience.

3. El voto de las personas que se abstengan y el voto correspondiente a los elementos privativos de beneficio común se computan en el mismo sentido que el de la mayoría conseguida.

Modificado por Ley 5/2015, de 13 de mayo, de modificación del libro quinto del Código civil de Cataluña, relativo a los derechos reales. (DOGC de 20-05-2015).

Ver art. 15 de la LPH.

ART. 553-25. Régimen general de adopción de acuerdos

1. Solo se pueden adoptar acuerdos sobre los asuntos incluidos en el orden del día.

2. Se adoptan por mayoría simple de los propietarios que han participado en cada votación, que tiene que representar, al mismo tiempo, la mayoría simple del total de sus cuotas de participación, los acuerdos que hacen referencia a:

a) La ejecución de obras o el establecimiento de servicios que tienen la finalidad de suprimir barreras arquitectónicas o la instalación de ascensores, aunque el acuerdo comporte la modificación del título de constitución y de los estatutos o aunque las obras o los servicios afecten a la estructura o la configuración exterior.

b) Las innovaciones exigibles para la habitabilidad, accesibilidad, seguridad del inmueble o eficiencia energética o hídrica según su naturaleza y características, aunque el acuerdo comporte la modificación del título de constitución y de los estatutos o afecten a la estructura o a la configuración exterior.

c) La ejecución de las obras para instalar infraestructuras comunes o equipos con la finalidad de mejorar la movilidad de los usuarios, para conectar servicios de telecomunicaciones de banda ancha o para individualizar la medición de los consumos de agua, gas o electricidad o para la instalación general de puntos de recarga para vehículos eléctricos aunque el acuerdo comporte la modificación del título de constitución y de los estatutos.

d) La ejecución de las obras para instalar infraestructuras comunes o equipos con el fin de mejorar la eficiencia energética o hídrica, así como para instalar sistemas de energías renovables y sus elementos auxiliares de uso común en elementos comunes, aunque el acuerdo comporte la modificación del título de constitución y de los estatutos o afecten a la estructura o la configuración exterior.

e) La ejecución de las obras para instalar infraestructuras o equipos con la finalidad de mejorar la eficiencia energética o hídrica, así como para instalar sistemas de energías renovables de utilidad particular en elementos comunes, a solicitud de los propietarios interesados, aunque afecten a la estructura o a la configuración exterior. El acuerdo adoptado incluye, si la instalación existente lo permite, el acceso de otros propietarios siempre que abonen el importe que les hubiera correspondido cuando se hizo la instalación, debidamente actualizado, así como el coste de la adaptación necesaria para tener acceso. Los propietarios que quieran tener acceso a las instalaciones preexistentes tienen que comunicarlo previamente a la presidencia o a la administración de la comunidad.

f) La participación en la generación de energías renovables compartidas con otras comunidades de propietarios, en la agregación de la demanda, así como también en comunidades energéticas locales o ciudadanas de energía, y en el ejercicio de los derechos derivados de esta participación, aunque el acuerdo comporte la modificación del título de constitución y de los estatutos.

g) Los contratos de financiación para hacer frente a los gastos derivados de la ejecución de las obras o de las instalaciones previstas en los apartados anteriores.

h) Las normas del reglamento de régimen interior.

i) El acuerdo de someter a mediación cualquier cuestión propia del régimen de la propiedad horizontal.

j) Los acuerdos que no tengan fijados una mayoría diferente para adoptarlos.

3. Para el cálculo de las mayorías se computan los votos y las cuotas de los propietarios que han participado en la votación de cada uno de los puntos del orden del día, sea de manera presencial, sea por representación o por delegación del voto. En los casos que un elemento privativo pertenezca a varios propietarios, estos tienen conjuntamente un único voto indivisible en razón de la propiedad de dicho elemento privativo. La adopción del acuerdo por mayoría simple requiere que los votos y cuotas a favor superen los votos y cuotas en contra.

4. Los acuerdos que modifiquen la cuota de participación, los que priven a cualquier propietario de las facultades de uso y disfrute de elementos comunes y los que determinen la extinción del régimen de la propiedad horizontal simple o compleja requieren el consentimiento expreso de los propietarios afectados.

5. Los propietarios o titulares de un derecho posesorio sobre el elemento privativo, en caso de que ellos mismos o las personas con quienes conviven o trabajan sufran alguna discapacidad o sean mayores de setenta años, si no consiguen que se adopten los acuerdos a qué hacen referencia las letras a) y b) del apartado 2, pueden pedir a la autoridad judicial que obligue a la comunidad a suprimir las barreras arquitectónicas o a hacer las innovaciones exigibles, siempre que sean razonables y proporcionadas, para alcanzar la accesibilidad y transitabilidad del inmueble en atención a la discapacidad que las motiva.

6. A los efectos únicamente de la legitimación para la impugnación de los acuerdos y la exoneración del pago de gastos para nuevas instalaciones o servicios comunes, los propietarios que no han participado en la votación se pueden oponer al acuerdo por medio de un escrito enviado a la secretaría, por cualquier medio fehaciente, en el plazo de un mes desde que les ha sido notificado. Si una vez pasado el mes no han enviado el escrito de oposición, se considera que se adhieren al acuerdo.

Apdo. 2, letras d) y f), modificado por Ley 3/2023, de 16 de marzo, de medidas fiscales, financieras, administrativas y del sector público para el 2023. (DOGC de 17-03-2023).

Ver arts. 16.2, 17, 5, 10.2 y 11.4 de la LPH.

Ver arts. 553-21.4.a) del CCCat acerca de la necesidad de inclusión en la convocatoria de la Junta; 553-14 acerca de unanimidad para la extinción voluntaria del régimen de propiedad horizontal; la misma unanimidad es exigida para los acuerdos de desafectación de un elemento común según el artículo 553-43.1.

ART. 553-25 bis. Régimen simplificado de adopción de acuerdos para instalaciones de energías renovables.

(DEROGADO).

Derogado por Ley 3/2023, de 16 de marzo, de medidas fiscales, financieras, administrativas y del sector público para el 2023. (DOGC de 17-03-2023).

ART. 553-26. Adopción de acuerdos por unanimidad y por mayorías cualificadas

1. Se requiere el voto favorable de todos los propietarios con derecho al voto para:
a) Modificar las cuotas de participación.
b) Desvincular un anexo.
c) Vincular el uso exclusivo de patios, jardines, terrazas, cubiertas del inmueble u otros elementos comunes a uno o varios elementos privativos.
d) Ceder gratuitamente el uso de elementos comunes que tienen un uso común.
e) Constituir un derecho de sobreelevación, subedificación y edificación sobre el inmueble.
f) Extinguir el régimen de propiedad horizontal, simple o compleja, y convertirla en un tipo de comunidad diferente.
g) Acordar la integración en una propiedad horizontal compleja.
h) Someter a arbitraje cualquier cuestión relativa al régimen de la propiedad horizontal, a menos que haya una disposición estatutaria contraria.

2. Es necesario el voto favorable de las cuatro quintas partes de los propietarios con derecho al voto, que tienen que representar al mismo tiempo las cuatro quintas partes de las cuotas de participación, para:
a) Modificar el título de constitución y los estatutos, salvo que exista una disposición legal en sentido contrario.
b) Adoptar acuerdos relativos a innovaciones físicas en el inmueble, si afectan a su estructura o configuración exterior, salvo los supuestos regulados en las letras b), d) y e) del artículo 553-25.2, así como los relativos a la construcción de piscinas e instalaciones recreativas.
c) Desafectar un elemento común.
d) Constituir, enajenar, gravar y dividir un elemento privativo de beneficio común.
e) Acordar cuotas especiales de gastos, o un incremento en la participación en los gastos comunes correspondientes a un elemento privativo por el uso desproporcionado de elementos o servicios comunes, de acuerdo con lo que establece el artículo 553-45.4.
f) Acordar la extinción voluntaria del régimen de propiedad horizontal por parcelas.
g) La cesión onerosa del uso y el arrendamiento de elementos comunes que tienen un uso común por un plazo superior a quince años.
h) Los contratos de financiación que tengan un plazo de amortización superior a quince años.

3. Los acuerdos de los apartados 1 y 2 se entienden adoptados:
a) Si se requiere la unanimidad, cuando han votado favorablemente todos los propietarios que han participado en la votación y, en el plazo de un mes desde la notificación del acuerdo, no se ha opuesto ningún otro propietario mediante un escrito enviado a la secretaría por cualquier medio fehaciente.
b) Si se requieren las cuatro quintas partes, cuando ha votado favorablemente la mayoría simple de los propietarios y de las cuotas participantes a la votación y, en el plazo de un mes desde la notificación del acuerdo, se alcanza la mayoría cualificada contando como voto favorable la posición de los propietarios ausentes que, en dicho plazo, no se han opuesto al acuerdo mediante un escrito enviado a la secretaría por cualquier medio fehaciente.

Modificado por Decreto-ley 28/2021, de 21 de diciembre, de modificación del libro quinto del Código civil de Cataluña, con el fin de incorporar la regulación de las instalaciones para la mejora de la eficiencia energética o hídrica y de los sistemas de energías renovables en los edificios sometidos al régimen de propiedad horizontal, y de modificación del Decreto-ley 10/2020, de 27 de marzo, por el que se establecen nuevas medidas extraordinarias para hacer frente al impacto sanitario, económico y social de la COVID-19 en el ámbito de las personas jurídicas de derecho privado sujetas a las disposiciones del derecho civil catalán. (DOGC de 23-12-2021).

Ver art. 17.1 de la LPH.

Ver art. 553-24 del mismo CCCat.

ART. 553-27. Acta

1. El secretario debe redactar el acta, que debe autorizarse, con las firmas del secretario y del presidente, en el plazo de cinco días a contar desde el día después de la reunión.
2. El acta de la reunión debe redactarse al menos en catalán, o en aranés en Arán, y deben constar en ella los siguientes datos:
a) La fecha y el lugar de celebración, el carácter ordinario o extraordinario y el nombre de la persona que ha realizado la convocatoria.
b) El orden del día.
c) La indicación de la persona que la ha presidido y de la persona que ha actuado como secretario.

d) La relación de personas que han asistido personalmente o por representación y, si procede, de las que delegan.

e) Los acuerdos adoptados, los participantes en cada votación y sus cuotas respectivas, así como el resultado de las votaciones, con la indicación de los que han votado a favor, los que han votado en contra y los que se han abstenido.

f) Los acuerdos susceptibles de formación sucesiva, de acuerdo con el artículo 553-26.3.

3. El presidente puede requerir a un notario que levante acta de los acuerdos de la reunión cuando lo considere pertinente y lo debe hacer, en todo caso, cuando haya una solicitud escrita presentada, al menos cinco días antes de la fecha de la reunión, por una cuarta parte de los propietarios o por menos si representan la cuarta parte de las cuotas. En este caso, debe hacerse en el libro de actas una referencia clara a la fecha de celebración de la reunión y al nombre y la residencia del notario que asistió a ella.

4. El acta debe enviarse a todos los propietarios en el plazo de diez días a contar desde el día después de la reunión de la junta de propietarios a la dirección comunicada por cada propietario a la secretaría o, en su defecto, al elemento privativo. El envío puede realizarse por correo postal o electrónico o por otros medios de comunicación, con las mismas garantías requeridas para la convocatoria.

5. Una vez transcurrido el plazo fijado por el artículo 553-26.3, debe enviarse a todos los propietarios un anexo al acta en el que debe indicarse si los acuerdos susceptibles de formación sucesiva han devenido efectivos o no, y debe hacerse constar, asimismo, el resultado final de la votación.

Modificado por Ley 5/2015, de 13 de mayo, de modificación del libro quinto del Código civil de Cataluña, relativo a los derechos reales. (DOGC de 20-05-2015).

Ver art. 19 de la LPH.

ART. 553-28. Libro de actas

1. Los acuerdos de la junta de propietarios deben transcribirse en un libro de actas que debe legalizarse, al menos en catalán, o en aranés en Arán, en el registro de la propiedad que corresponda.

2. El secretario debe custodiar los libros de actas de la junta de propietarios, que deben conservarse durante treinta años mientras exista el régimen de propiedad horizontal o durante cinco años desde el momento en que se haya extinguido.

Modificado por Ley 5/2015, de 13 de mayo, de modificación del libro quinto del Código civil de Cataluña, relativo a los derechos reales. (DOGC de 20-05-2015).

Ver art. 19 de la LPH.

ART. 553-29. Ejecución

Los acuerdos adoptados válidamente por la junta de propietarios, salvo que los estatutos establezcan otra cosa, son ejecutivos desde el momento en que se adoptan.

Modificado por Ley 5/2015, de 13 de mayo, de modificación del libro quinto del Código civil de Cataluña, relativo a los derechos reales. (DOGC de 20-05-2015).

Ver art. 18.4 de la LPH.

ART. 553-30. Vinculación de los acuerdos

1. Los acuerdos adoptados por la junta son obligatorios y vinculan a todos los propietarios, incluso a los disidentes.

2. No obstante lo que establece el apartado 1, los propietarios disidentes no están obligados a satisfacer los gastos originados por las nuevas instalaciones o nuevos servicios comunes que no sean exigibles de acuerdo con la ley si el valor total del gasto acordado es superior a la cuarta parte del presupuesto anual vigente de la comunidad una vez descontadas las subvenciones o las ayudas públicas y los costes derivados de la obtención de crédito necesario con entidades financieras. Los propietarios solo pueden disfrutar de las nuevas instalaciones o los nuevos servicios si satisfacen el importe de los gastos de ejecución y de mantenimiento con la actualización que corresponda aplicando el índice general de precios de consumo.

3. Los gastos originados por la supresión de barreras arquitectónicas o la instalación de ascensores y los que hagan falta para garantizar la accesibilidad y la habitabilidad del edificio son a cargo de todos los propietarios si derivan de un acuerdo de la junta. Si derivan de una decisión judicial conforme al artículo 553-25-5, la autoridad judicial es quien fija el importe en función de los gastos ordinarios comunes de la comunidad.

Legislación Catalana

4. Los gastos originados por las obras de instalación de infraestructuras o equipos comunes con la finalidad de mejorar la eficiencia energética o hídrica, así como de la instalación de sistemas de energías renovables de uso común en elementos comunes, son a cargo de todos los propietarios si derivan del acuerdo de la junta, de conformidad con lo establecido en el artículo 553-25.2.d). Los propietarios disidentes, en todo caso, están obligados si el valor total del gasto acordado no excede las tres cuartas partes del presupuesto anual vigente de la comunidad en razón de los gastos comunes ordinarios, una vez descontadas las subvenciones o las ayudas públicas que les puedan corresponder por este concepto.

5. Los propietarios que, sin causa justificada, se opongan a las actuaciones u obras necesarias y exigidas por la autoridad competente o las demoren responden individualmente de las sanciones que se impongan en vía administrativa.

Modificado por Decreto-ley 28/2021, de 21 de diciembre, de modificación del libro quinto del Código civil de Cataluña, con el fin de incorporar la regulación de las instalaciones para la mejora de la eficiencia energética o hídrica y de los sistemas de energías renovables en los edificios sometidos al régimen de propiedad horizontal, y de modificación del Decreto-ley 10/2020, de 27 de marzo, por el que se establecen nuevas medidas extraordinarias para hacer frente al impacto sanitario, económico y social de la COVID-19 en el ámbito de las personas jurídicas de derecho privado sujetas a las disposiciones del derecho civil catalán. (DOGC de 23-12-2021).

Ver arts. 10 (apdos. 1 y 2) y 17 de la LPH.

ART. 553-31. Impugnación

1. Los acuerdos de la junta de propietarios pueden impugnarse judicialmente en los siguientes casos:

a) Si son contrarios a las leyes, al título de constitución o a los estatutos o si, dadas las circunstancias, implican un abuso de derecho.

b) Si son contrarios a los intereses de la comunidad o son gravemente perjudiciales para uno de los propietarios.

2. Están legitimados para la impugnación de un acuerdo los propietarios que han votado en contra, los ausentes que se han opuesto y los que han sido privados ilegítimamente del derecho de voto.

3. Para ejercer la acción de impugnación es preciso estar al corriente de pago de las deudas con la comunidad que estén vencidas en el momento de la adopción del acuerdo que desee impugnarse o haber consignado su importe.

4. La acción de impugnación de los acuerdos caduca en el plazo de un año en los supuestos a que se refiere el apartado 1.a) y en el plazo de tres meses en los supuestos a que se refiere el apartado 1.b). Los plazos se cuentan desde la notificación del acta o del anexo del acta, según proceda.

Modificado por Ley 5/2015, de 13 de mayo, de modificación del libro quinto del Código civil de Cataluña, relativo a los derechos reales. (DOGC de 20-05-2015).

Ver art. 18 de la LPH.

ART. 553-32. Suspensión

1. La impugnación de un acuerdo de la junta de propietarios no suspende su ejecutabilidad.

2. La autoridad judicial puede adoptar las medidas cautelares que considere convenientes, incluso la de decretar provisionalmente la suspensión del acuerdo de la junta de propietarios impugnado.

Modificado por Ley 5/2015, de 13 de mayo, de modificación del libro quinto del Código civil de Cataluña, relativo a los derechos reales. (DOGC de 20-05-2015).

Ver art. 18.4 de la LPH.

Sección segunda. Propiedad horizontal simple

ART. 553-33. Elementos privativos

Solo pueden configurarse como elementos privativos de un inmueble las viviendas, los locales y los espacios físicos que pueden ser objeto de propiedad separada y que tienen independencia funcional porque disponen de acceso directo o indirecto a la vía pública.

Modificado por Ley 5/2015, de 13 de mayo, de modificación del libro quinto del Código civil de Cataluña, relativo a los derechos reales. (DOGC de 20-05-2015).

Ver arts. 1 y 3 de la LPH.

ART. 553-34. Elementos privativos de beneficio común

1. Son elementos privativos de beneficio común los que, por disposición de la ley, del título de constitución o por acuerdo de la junta de propietarios, pertenecen a todos los propietarios en proporción a la cuota y de modo inseparable de la propiedad del elemento privativo concreto.

2. Los elementos comunes desafectados por acuerdo de la junta de propietarios tienen carácter de elemento privativo de beneficio común, salvo que se establezca otra cosa.

3. La administración y disposición de un elemento privativo de beneficio común se rige por las normas de la propiedad horizontal.

Modificado por Ley 5/2015, de 13 de mayo, de modificación del libro quinto del Código civil de Cataluña, relativo a los derechos reales. (DOGC de 20-05-2015).

ART. 553-35. Anexos

Los anexos se determinan en el título de constitución como espacios físicos o derechos vinculados de modo inseparable a un elemento privativo, no tienen cuota especial y son de titularidad privativa a todos los efectos.

Modificado por Ley 5/2015, de 13 de mayo, de modificación del libro quinto del Código civil de Cataluña, relativo a los derechos reales. (DOGC de 20-05-2015).

Ver apdo. a) del art. 3 de la LPH estatal se ocupa de los anejos.

ART. 553-36. Uso y disfrute de los elementos privativos

1. Los propietarios de elementos privativos pueden ejercer todas las facultades del derecho de propiedad sin ninguna otra restricción que las que derivan del régimen de propiedad horizontal.

2. Los propietarios de un elemento privativo pueden hacer obras de conservación y de reforma siempre y cuando no perjudiquen a los demás propietarios ni a la comunidad y que no disminuya la solidez ni la accesibilidad del inmueble ni alteren la configuración o el aspecto exterior del conjunto.

3. Los propietarios que se propongan hacer obras en su elemento privativo deben comunicarlo previamente a la presidencia o a la administración de la comunidad. Si la obra supone la alteración de elementos comunes, es preciso el acuerdo de la junta de propietarios. En caso de instalación de un punto de recarga individual de vehículo eléctrico, solo es preciso enviar a la presidencia o a la administración el proyecto técnico con treinta días de antelación al inicio de la obra y la certificación técnica correspondiente una vez finalizada la instalación. Dentro de este plazo la comunidad puede proponer una alternativa razonable y más adecuada a sus intereses generales. Si la instalación alternativa no se hace efectiva en el plazo de dos meses, el propietario interesado puede ejecutar la instalación que había proyectado inicialmente.

4. La comunidad puede exigir la reposición al estado originario de los elementos comunes alterados sin su consentimiento. Sin embargo, se entiende que la comunidad ha dado su consentimiento si la ejecución de las obras es notoria, no disminuye la solidez del edificio ni supone la ocupación de elementos comunes ni la constitución de nuevas servidumbres y la comunidad no se ha opuesto en el plazo de caducidad de cuatro años a contar desde la finalización de las obras.

Modificado por Ley 5/2015, de 13 de mayo, de modificación del libro quinto del Código civil de Cataluña, relativo a los derechos reales. (DOGC de 20-05-2015).

Ver art. 7 de la LPH.

ART. 553-37. Disposición de los elementos privativos

1. Los propietarios de elementos privativos los pueden modificar, enajenar y gravar y pueden hacer con ellos todo tipo de actos de disposición. Si establecen servidumbres en beneficio de otras fincas, estas servidumbres se extinguen en caso de destrucción o derribo del edificio.

2. Los propietarios, en los casos de arrendamiento o de cualquier otra transmisión del disfrute del elemento privativo, son responsables ante la comunidad y terceras personas de las obligaciones derivadas del régimen de propiedad horizontal.

3. La persona que enajena un elemento privativo debe comunicar el cambio de titularidad a la secretaría de la comunidad. Mientras no lo comunique responde solidariamente de las deudas con la comunidad.

Modificado por Ley 5/2015, de 13 de mayo, de modificación del libro quinto del Código civil de Cataluña, relativo a los derechos reales. (DOGC de 20-05-2015).

Ver art. 9.1, apartados e) e i) de la LPH.

Legislación Catalana

ART. 553-38. Obligaciones de conservación y mantenimiento de los elementos privativos

Los propietarios de elementos privativos deben conservarlos en buen estado y deben mantener los servicios e instalaciones que se ubiquen en ellos.

Modificado por Ley 5/2015, de 13 de mayo, de modificación del libro quinto del Código civil de Cataluña, relativo a los derechos reales. (DOGC de 20-05-2015).

Ver arts. 9.1.b) y 10.1 de la LPH.

ART. 553-39. Restricciones y servidumbres forzosas

1. Los elementos privativos están sujetos, en beneficio de los otros y de la comunidad, a las restricciones imprescindibles para hacer las obras de conservación y mantenimiento de los elementos comunes y de los demás elementos privativos, si no existe ninguna otra forma de hacerlas o la otra forma es desproporcionadamente cara o gravosa.

2. La comunidad puede exigir la constitución de servidumbres permanentes sobre los anexos de los elementos de uso privativo si son indispensables para la ejecución de los acuerdos de supresión de las barreras arquitectónicas o de mejora adoptados por la junta de propietarios o para el acceso a elementos comunes que no tengan otro.

3. Los propietarios de elementos privativos pueden exigir la constitución de las servidumbres, permanentes o temporales, imprescindibles para hacer las obras de conservación y de acceso a redes generales de suministros de servicios.

4. Los titulares de las servidumbres deben compensar los daños y el menoscabo que causen en los elementos privativos o comunes afectados.

Modificado por Ley 5/2015, de 13 de mayo, de modificación del libro quinto del Código civil de Cataluña, relativo a los derechos reales. (DOGC de 20-05-2015).

Ver art. 9.1.c) de la LPH.

ART. 553-40. Prohibiciones y restricciones de uso de los elementos privativos y comunes

1. Los propietarios y los ocupantes no pueden hacer en los elementos privativos, ni en el resto del inmueble, actividades o actos contrarios a la convivencia normal en la comunidad o que dañen o hagan peligrar el inmueble. Tampoco pueden llevar a cabo las actividades que los estatutos, la normativa urbanística o la ley excluyen o prohíben de forma expresa.

2. La presidencia de la comunidad, si se hacen las actividades o los actos a que se refiere el apartado 1, por iniciativa propia o a petición de una cuarta parte de los propietarios, debe requerir fehacientemente a quien los haga que deje de hacerlos. Si la persona o personas requeridas persisten en su actividad, la junta de propietarios puede ejercer contra los propietarios y ocupantes del elemento privativo la acción para hacerla cesar, que debe tramitarse de acuerdo con las normas procesales correspondientes. Una vez presentada la demanda, que debe acompañarse del requerimiento y el certificado del acuerdo de la junta de propietarios, la autoridad judicial debe adoptar las medidas cautelares que considere convenientes, entre las cuales, la cesación inmediata de la actividad prohibida. En caso de ocupación sin título habilitante, la acción puede ejercerse contra los ocupantes aunque no se conozca su identidad. Si las actividades o los actos contrarios a la convivencia o que dañen o hagan peligrar el inmueble los hacen los ocupantes del elemento privativo ilegítimamente y sin la voluntad de los propietarios, la junta de propietarios puede denunciar los hechos al ayuntamiento de su municipio a fin de que inicie, previo expediente acreditativo de que se han producido efectivamente las actividades o los actos prohibidos, el procedimiento establecido por el artículo 44 bis de la Ley 18/2007, de 28 de diciembre, del derecho a la vivienda.

3. La comunidad tiene derecho a la indemnización por los perjuicios que se le causen y, si las actividades prohibidas continúan, a instar judicialmente la privación del uso y disfrute del elemento privativo por un período que no puede exceder de dos años y, si procede, la extinción del contrato de arrendamiento o de cualquier otro que atribuya a los ocupantes un derecho sobre el elemento privativo.

Modificado por Ley 1/2023, de 15 de febrero, de modificación de la Ley 18/2007, del derecho a la vivienda, y del libro quinto del Código civil de Cataluña, relativo a los derechos reales, en relación con la adopción de medidas urgentes para afrontar la inactividad de los propietarios en los casos de ocupación ilegal de viviendas con alteración de la convivencia vecinal. (DOGC de 17-02-2023).

Ver art. 7.2 de la LPH.

ART. 553-41. Elementos comunes

Son elementos comunes el solar, los jardines, las piscinas, las estructuras, las fachadas, las cubiertas, los vestíbulos, las escaleras y los ascensores, las antenas y, en general, las instalaciones y los servicios de los elementos privativos que se destinan al uso comunitario o a facilitar el uso y disfrute de dichos elementos privativos.

Modificado por Ley 5/2015, de 13 de mayo, de modificación del libro quinto del Código civil de Cataluña, relativo a los derechos reales. (DOGC de 20-05-2015).

Ver art. 396 del Código Civil estatal.

ART. 553-42. Uso y disfrute de los elementos comunes

1. El uso y disfrute de los elementos comunes corresponde a todos los propietarios de elementos privativos y debe adaptarse al destino establecido por los estatutos o al que resulte normal y adecuado a su naturaleza, sin perjudicar el interés de la comunidad.

2. En caso de que la junta acuerde instalaciones para la eficiencia energética o hídrica o de sistemas de energía renovable para el uso comunitario en elementos comunes donde existan instalaciones o sistemas de utilidad particular previamente autorizadas, incompatibles con el nuevo acuerdo, la comunidad asume la remoción y debe indemnizar los daños que la remoción comporte al propietario.

Modificado por Decreto-ley 28/2021, de 21 de diciembre, de modificación del libro quinto del Código civil de Cataluña, con el fin de incorporar la regulación de las instalaciones para la mejora de la eficiencia energética o hídrica y de los sistemas de energías renovables en los edificios sometidos al régimen de propiedad horizontal, y de modificación del Decreto-ley 10/2020, de 27 de marzo, por el que se establecen nuevas medidas extraordinarias para hacer frente al impacto sanitario, económico y social de la COVID-19 en el ámbito de las personas jurídicas de derecho privado sujetas a las disposiciones del derecho civil catalán. (DOGC de 23-12-2021).

Ver arts. 3.b), 5 (párrafo 3), y 9.1 de la LPH.

ART. 553-43. Elementos comunes de uso exclusivo

1. En el título de constitución o por acuerdo unánime de la junta, se puede vincular a uno o a varios elementos privativos el uso exclusivo de patios, jardines, terrazas, cubiertas del inmueble u otros elementos comunes. Esta vinculación no los hace perder la naturaleza de elemento común.

2. Los propietarios de los elementos privativos que tienen el uso y disfrute exclusivo de los elementos comunes asumen todos los gastos de conservación y mantenimiento y tienen la obligación de conservarlos adecuadamente y mantenerlos en buen estado.

3. Los propietarios de los elementos privativos que tienen el uso exclusivo de los elementos comunes pueden ejecutar obras de mejora para la eficiencia energética o hídrica o la instalación de sistemas de energías renovables en dichos elementos comunes, haciéndose cargo de los costes que se deriven, así como de los gastos de mantenimiento. En todo caso, tienen que enviar el proyecto técnico con treinta días de antelación del inicio de la obra a la presidencia o a la administración. Dentro de este plazo, la comunidad puede proponer una alternativa más adecuada a sus intereses generales siempre que sea razonable y proporcionada y que no comporte a las personas promotoras un incremento sustancial del coste del proyecto técnico presentado. A falta de alternativa, los propietarios pueden llevar a cabo dichas obras o instalaciones.

4. Las reparaciones que se deben a vicios de construcción o estructurales, originarios o sobrevenidos, o las reparaciones que afectan y benefician todo el inmueble, son a cargo de la comunidad, a menos que sean consecuencia de un mal uso o de una mala conservación.

Modificado por Decreto-ley 28/2021, de 21 de diciembre, de modificación del libro quinto del Código civil de Cataluña, con el fin de incorporar la regulación de las instalaciones para la mejora de la eficiencia energética o hídrica y de los sistemas de energías renovables en los edificios sometidos al régimen de propiedad horizontal, y de modificación del Decreto-ley 10/2020, de 27 de marzo, por el que se establecen nuevas medidas extraordinarias para hacer frente al impacto sanitario, económico y social de la COVID-19 en el ámbito de las personas jurídicas de derecho privado sujetas a las disposiciones del derecho civil catalán. (DOGC de 23-12-2021).

Ver arts. 3.b), 8 y 17.1 de la LPH.

Ver art. 553-25.2 de este mismo CCCat sobre acuerdos de la Junta, respecto del cual constituye una excepción la regla de la unanimidad prevista en este artículo.

ART. 553-44. Conservación y mantenimiento de elementos comunes

1. La comunidad tiene que conservar los elementos comunes del inmueble, de manera que cumpla las condiciones estructurales, de habitabilidad, de accesibilidad, de estanquidad, de seguridad y de eficiencia energética o hídrica, según la normativa vigente y tiene que mantener en funcionamiento correcto los servicios y las instalaciones. Los propietarios tienen que asumir las obras de conservación y reparación necesarias.

2. Los propietarios que se benefician de la instalación de infraestructuras o equipos de mejora de la eficiencia energética o hídrica o de sistemas de energías renovables de utilidad particular situados en elementos comunes o en elementos comunes de uso exclusivo tienen que asumir la conservación y el mantenimiento en su totalidad.

Modificado por Decreto-ley 28/2021, de 21 de diciembre, de modificación del libro quinto del Código civil de Cataluña, con el fin de incorporar la regulación de las instalaciones para la mejora de la eficiencia energética o hídrica y de los sistemas de energías renovables en los edificios sometidos al régimen de propiedad horizontal, y de modificación del Decreto-ley 10/2020, de 27 de marzo, por el que se establecen nuevas medidas extraordinarias para hacer frente al impacto sanitario, económico y social de la COVID-19 en el ámbito de las personas jurídicas de derecho privado sujetas a las disposiciones del derecho civil catalán. (DOGC de 23-12-2021).

Ver arts. 10.1 y 9.1.e) de la LPH.

ART. 553-45. Contribución al pago de los gastos comunes

1. Los propietarios deben sufragar los gastos comunes en proporción a su cuota de participación o de acuerdo con las especialidades fijadas por el título de constitución, los estatutos o los acuerdos de la junta.

2. La falta de uso y disfrute de elementos comunes concretos no exime de la obligación de sufragar los gastos que derivan de su mantenimiento, salvo que una disposición de los estatutos, que solo puede referirse a servicios o elementos especificados de forma concreta, establezca lo contrario y sin perjuicio de lo establecido por el artículo 553-30.2.

3. La contribución al pago de determinados gastos sobre los que los estatutos establecen cuotas especiales diferentes a las de participación, entre los que se incluyen los de escaleras diferentes, piscinas y zonas ajardinadas, debe hacerse de acuerdo con la cuota específica.

4. El título de constitución puede establecer un incremento de la participación en los gastos comunes que corresponde a un elemento privativo concreto, en el caso de uso o disfrute especialmente intensivo de elementos o servicios comunes como consecuencia del ejercicio de actividades empresariales o profesionales en el piso o el local. Este incremento también puede acordarlo la junta de propietarios. En ninguno de los dos casos, el incremento puede ser superior al doble de lo que le correspondería por la cuota.

Modificado por Ley 5/2015, de 13 de mayo, de modificación del libro quinto del Código civil de Cataluña, relativo a los derechos reales. (DOGC de 20-05-2015).

Ver arts. 5, 9.1.e) y 9.2 de la LPH.

ART. 553-46. Responsabilidad de la comunidad

1. De las deudas contraídas por razón de la comunidad responden los créditos y fondos comunes de los propietarios y los elementos privativos de beneficio común. Subsidiariamente, responden los propietarios de los elementos privativos en proporción a su cuota de participación.

2. Para embargar los fondos, los créditos y los elementos privativos de beneficio común, basta con demandar a la comunidad. Para embargar los otros elementos privativos, debe requerirse el pago a todos los propietarios y demandarlos personalmente.

Modificado por Ley 5/2015, de 13 de mayo, de modificación del libro quinto del Código civil de Cataluña, relativo a los derechos reales. (DOGC de 20-05-2015).

Ver art. 22 de la LPH y 396 del Código Civil estatal.

ART. 553-47. Reclamación en caso de impago de los gastos comunes

1. La comunidad puede reclamar todas las cantidades que le sean debidas por el impago de los gastos comunes, tanto si son ordinarios como extraordinarios, o del fondo de reserva, mediante el proceso monitorio especial aplicable a las comunidades de propietarios de inmuebles en régimen de propiedad horizontal establecido por la legislación procesal.

2. Para instar la reclamación basta con un certificado del impago de los gastos comunes, emitido por quien haga las funciones de secretario de la comunidad con el visto bueno del

presidente. En este certificado debe constar la existencia de la deuda y su importe, la manifestación de que la deuda es exigible y que se corresponde de forma exacta con las cuentas aprobadas por la junta de propietarios que constan en el libro de actas correspondiente, y el requerimiento de pago hecho al deudor.

Modificado por Ley 5/2015, de 13 de mayo, de modificación del libro quinto del Código civil de Cataluña, relativo a los derechos reales. (DOGC de 20-05-2015).

Ver art. 7.2 de la LPH.

Ver art. 553-40 de este mismo Código.

Sección tercera. Propiedad horizontal compleja

ART. 553-48. Configuración

1. La propiedad horizontal compleja implica la coexistencia de subcomunidades integradas en un inmueble o en un conjunto inmobiliario formado por varias escaleras o portales o por una pluralidad de edificios independientes y separados que se conectan entre ellos y comparten zonas ajardinadas y de recreo, piscinas u otros elementos comunes similares.

2. En el régimen de la propiedad horizontal compleja, cada escalera, portal o edificio constituye una subcomunidad que se rige por los preceptos de las secciones primera y segunda.

3. Pueden configurarse como una subcomunidad los elementos privativos, situados en uno o más inmuebles, que están conectados entre sí y que tienen independencia económica y funcional.

Modificado por Ley 5/2015, de 13 de mayo, de modificación del libro quinto del Código civil de Cataluña, relativo a los derechos reales. (DOGC de 20-05-2015).

Ver art. 24 de la LPH.

Ver arts. 553-1 a 553-32 de este mismo Código Civil de Cataluña.

ART. 553-49. Cuotas

Cada uno de los elementos privativos que integran una subcomunidad tiene asignada una cuota particular de participación, separada de la cuota general que le corresponde en el conjunto de la propiedad horizontal compleja.

Modificado por Ley 5/2015, de 13 de mayo, de modificación del libro quinto del Código civil de Cataluña, relativo a los derechos reales. (DOGC de 20-05-2015).

Ver arts. 3 b) y 24 de la LPH.

ART. 553-50. Constitución

1. La propiedad horizontal compleja se constituye inicialmente como una sola comunidad con subcomunidades o bien como una agrupación de varias comunidades. En este último caso, pueden otorgar el título los propietarios únicos de los diferentes inmuebles o los presidentes de las respectivas comunidades autorizados por un acuerdo previo de cada junta.

2. El título de constitución debe constar en una escritura pública que debe describir:

a) El complejo inmobiliario en conjunto.

b) Cada uno de los elementos privativos que lo componen, con la indicación de la subcomunidad de la que forman parte y de la cuota de participación general y particular.

c) Los viales, las zonas ajardinadas y de recreo y los demás servicios y elementos comunes del complejo.

3. El régimen de la propiedad horizontal compleja se inscribe en el Registro de la Propiedad de acuerdo con la legislación hipotecaria, mediante una inscripción general en folio propio para la propiedad horizontal compleja y, además, en otro folio propio para cada subcomunidad y cada elemento privativo.

Modificado por Ley 5/2015, de 13 de mayo, de modificación del libro quinto del Código civil de Cataluña, relativo a los derechos reales. (DOGC de 20-05-2015).

Ver art. 24 de la LPH.

ART. 553-51. Regulación y acuerdos

1. En la propiedad horizontal compleja, cada subcomunidad tiene sus órganos específicos y adopta sus propios acuerdos con independencia de las demás subcomunidades y de la comunidad general, dentro del ámbito material que le sea reconocido en el título de constitución.

Legislación Catalana

2. Los estatutos pueden regular un consejo de presidentes si la complejidad del conjunto inmobiliario y de los elementos, servicios e instalaciones comunes, el número de elementos privativos u otras circunstancias lo hacen aconsejable. El consejo debe actuar de forma colegiada para la administración ordinaria de los elementos comunes de todo el conjunto y debe regirse por las normas de la junta de propietarios adaptadas a su naturaleza específica.

Modificado por Ley 5/2015, de 13 de mayo, de modificación del libro quinto del Código civil de Cataluña, relativo a los derechos reales. (DOGC de 20-05-2015).

Ver art. 24 de la LPH.

Ver arts. 553-1 a 553-32 de este Código Civil de Cataluña.

ART. 553-52. Comunidades y subcomunidades para garajes y trasteros

1. La comunidad de garaje o trasteros, salvo que los estatutos establezcan otra cosa, funciona con independencia de la comunidad general en cuanto a los asuntos de su interés exclusivo en los siguientes casos:

a) Si se configura en régimen de comunidad como elemento privativo de un régimen de propiedad horizontal y la adquisición de una cuota indivisa atribuye el uso exclusivo de plazas de aparcamiento o de trasteros y la utilización de las rampas de acceso y salida, las escaleras y las zonas de maniobras. En este caso, los titulares de la cuota indivisa no pueden ejercer la acción de división de la comunidad ni gozan de derechos de adquisición preferente.

b) Si las diferentes plazas de aparcamiento o los trasteros de un local de un inmueble en régimen de propiedad horizontal se constituyen como elementos privativos. En este caso, se asigna a cada plaza, además del número de orden y de la cuota que le corresponde en el régimen de propiedad horizontal, un número o letra de identificación concretos; las rampas, las escaleras y las zonas de acceso, maniobra y salida de los vehículos se consideran elementos comunes del garaje o el trastero.

2. No existe subcomunidad para el local de garaje o trasteros en los siguientes casos:

a) Si las diferentes plazas de aparcamiento o los trasteros se configuran como anexos inseparables de los elementos privativos de la comunidad. En este caso, se les aplica lo establecido por el artículo 553-35.

b) Si el local destinado a garaje o trasteros se configura como elemento común del régimen de propiedad horizontal. En este caso, el uso concreto de las plazas de aparcamiento o de los trasteros no puede cederse a terceras personas con independencia del uso del elemento privativo respectivo.

3. Puede constituirse una subcomunidad para el local o los locales destinados a garaje o trasteros si varios inmuebles sujetos a régimen de propiedad horizontal comparten su uso. En este caso, la subcomunidad forma parte, además, de cada propiedad horizontal en la proyección vertical que le corresponde. Si unas normas estatutarias concretas no establecen lo contrario, los titulares de las plazas tienen derecho a utilizar todas las zonas de acceso, distribución, maniobra y salida de vehículos situadas en el local o los locales con independencia del inmueble concreto en cuya vertical o fachada estén situadas.

Modificado por Ley 5/2015, de 13 de mayo, de modificación del libro quinto del Código civil de Cataluña, relativo a los derechos reales. (DOGC de 20-05-2015).

Ver arts. 3, 4 y 5 de la LPH.

Sección cuarta. Propiedad horizontal por parcelas

ART. 553-53. Concepto y configuración

1. El régimen de la propiedad horizontal puede establecerse, por parcelas, sobre un conjunto de fincas independientes que tienen la consideración de solares, edificados o no, forman parte de una actuación urbanística y participan con carácter inseparable de unos elementos de titularidad común.

2. El régimen de propiedad horizontal por parcelas se rige, en lo que no establezca el título de constitución, por las normas específicas de la presente sección y, supletoriamente, por las del presente capítulo, de acuerdo con su naturaleza específica y con lo dispuesto por la normativa urbanística aplicable.

Modificado por Ley 5/2015, de 13 de mayo, de modificación del libro quinto del Código civil de Cataluña, relativo a los derechos reales. (DOGC de 20-05-2015).

Ver art. 24 de la LPH.

ART. 553-54. Fincas de titularidad privativa

1. Las fincas privativas y, si procede, sus anexos inseparables pertenecen en exclusiva a sus titulares en el régimen de propiedad que les sea de aplicación.

2. Los actos de enajenación y gravamen y el embargo de las fincas privativas se extienden de modo inseparable a la cuota de participación que les corresponde en los elementos comunes.

3. La enajenación de una finca privativa no da a los propietarios de las demás derecho alguno de adquisición preferente de naturaleza legal.

Modificado por Ley 5/2015, de 13 de mayo, de modificación del libro quinto del Código civil de Cataluña, relativo a los derechos reales. (DOGC de 20-05-2015).

Ver art. 3.a) de la LPH.

ART. 553-55. Elementos comunes

1. Son elementos comunes las fincas, los elementos inmobiliarios y los servicios e instalaciones que se destinan al uso y disfrute común que menciona el título de constitución, entre los que se incluyen las zonas ajardinadas y de recreo, las instalaciones deportivas, los locales sociales, los servicios de vigilancia y, si procede, otros elementos similares.

2. Los elementos comunes son inseparables de las fincas privativas, a las que están vinculados por medio de la cuota de participación que, expresada en centésimas, corresponde a cada finca en el conjunto.

Modificado por Ley 5/2015, de 13 de mayo, de modificación del libro quinto del Código civil de Cataluña, relativo a los derechos reales. (DOGC de 20-05-2015).

Ver art. 3.b) de la LPH.

ART. 553-56. Restricciones

Las restricciones al ejercicio de las facultades dominicales sobre fincas privativas impuestas por el título de constitución, los estatutos, el planeamiento urbanístico o las leyes tienen la consideración de elementos comunes.

Modificado por Ley 5/2015, de 13 de mayo, de modificación del libro quinto del Código civil de Cataluña, relativo a los derechos reales. (DOGC de 20-05-2015).

ART. 553-57. Título de constitución

1. El título de constitución del régimen de propiedad horizontal por parcelas debe constar en una escritura pública, la cual debe contener:

a) La descripción del conjunto en general, que debe incluir el nombre y la ubicación, la extensión, la aprobación administrativa de la actuación urbanística en que se integra, los datos esenciales de la licencia o del acuerdo de parcelación, el número de solares que la configuran y la referencia y descripción de las fincas e instalaciones comunes.

b) La relación de las obras de urbanización y de las instalaciones del conjunto y el sistema previsto para su conservación y mantenimiento, así como la información sobre la prestación de servicios no urbanísticos y las demás circunstancias que resulten del plan de ordenación.

c) La descripción de todas las parcelas y de los demás elementos privativos, que debe incluir el número de orden; la cuota general de participación y, si procede, las especiales que les corresponden; la superficie; los límites, y, si procede, los espacios físicos o derechos que constituyan sus anexos o que estén vinculados a ellos.

d) Las reglas generales o específicas sobre el destino y la edificabilidad de las fincas y la información sobre si son divisibles.

e) Los estatutos, si existen.

f) La relación de terrenos de uso y dominio público comprendidos en el ámbito de la propiedad horizontal por parcelas.

g) Un plano descriptivo del conjunto, en el que deben identificarse las fincas privativas y los elementos comunes.

2. Las determinaciones urbanísticas que contenga el título de constitución tienen efectos meramente informativos.

3. No es preciso describir cada una de las parcelas si el régimen de propiedad horizontal por parcelas se establece por acuerdo de todos o de una parte de los propietarios de parcelas, edificadas o no, situadas en una unidad urbanística consolidada, que ya están inscritas

Legislación
Catalana

en el Registro de la Propiedad como fincas independientes, pero se ha hecho constar, como mínimo, el número que les corresponde en la urbanización, la identificación registral, la referencia catastral y los nombres de los propietarios.

Modificado por Ley 5/2015, de 13 de mayo, de modificación del libro quinto del Código civil de Cataluña, relativo a los derechos reales. (DOGC de 20-05-2015).

Ver arts. 5 y 24 de la LPH.

Ver Ley Hipotecaria y Reglamento Hipotecario.

ART. 553-58. Constancia registral

1. El régimen de propiedad horizontal por parcelas se inscribe en el Registro de la Propiedad de acuerdo con la legislación hipotecaria. Debe hacerse una inscripción general para el conjunto y una inscripción para cada una de las fincas privativas y, si procede, de las fincas destinadas a uso y disfrute o a servicios comunes, para cada una de las cuales debe abrirse un folio especial separado.

2. Si la propiedad horizontal por parcelas recae total o parcialmente sobre varias fincas, debe hacerse una agrupación instrumental. En la nota de referencia debe hacerse constar el carácter instrumental y debe considerarse, a todos los efectos, que nunca ha existido comunidad. Las fincas privativas pueden adjudicarse directamente al titular que corresponda.

3. La inscripción del régimen de propiedad horizontal por parcelas debe practicarse a favor de sus integrantes y, además de los datos exigidos por la legislación hipotecaria, debe contener los establecidos por el artículo 553-57 que tengan trascendencia real y la referencia al archivo del plano. En todo caso, deben hacerse las notas marginales de referencia a las inscripciones de las fincas privativas.

4. Las inscripciones de las fincas privativas deben contener, además de los datos exigidos por la legislación hipotecaria, los siguientes:
a) El número de parcela que les corresponde.
b) La cuota o cuotas de participación.
c) El régimen especial o las restricciones que pueden afectarlas de una forma determinada.
d) La referencia a la inscripción general y la sujeción al régimen de la propiedad horizontal por parcelas.

5. Las fincas destinadas a uso y disfrute o a los servicios comunes se inscriben a favor de los integrantes de la propiedad horizontal por parcelas, sin mencionarlos de forma explícita ni hacer constar las cuotas que les corresponden.

6. En caso de establecimiento de la propiedad horizontal por parcelas de forma sobrevenida, debe abrirse un folio separado e independiente para la propiedad horizontal en conjunto, en el que deben constar las circunstancias establecidas por el presente artículo y debe hacerse una referencia, en una nota marginal, a cada una de las inscripciones de las fincas que pasan a ser privativas, en la que debe hacerse constar la cuota que les corresponde.

Modificado por Ley 5/2015, de 13 de mayo, de modificación del libro quinto del Código civil de Cataluña, relativo a los derechos reales. (DOGC de 20-05-2015).

Ver Ley Hipotecaria y Reglamento Hipotecario.

ART. 553-59. Extinción voluntaria

1. La extinción voluntaria de la propiedad horizontal por parcelas se produce por acuerdo de las cuatro quintas partes de los propietarios, que deben representar las cuatro quintas partes de las cuotas de participación.

2. Deben liquidarse totalmente, una vez acordada la extinción, las obligaciones con terceras personas y, si procede, con los propietarios. En el proceso de liquidación, la junta de propietarios debe mantener sus funciones, debe percibir las cuotas atrasadas y los demás créditos a favor de la propiedad horizontal por parcelas, debe enajenar, si procede, los inmuebles de uso común que se haya acordado enajenar y, una vez cumplidas todas las operaciones, ha de rendir cuentas a todos los propietarios.

Modificado por Ley 5/2015, de 13 de mayo, de modificación del libro quinto del Código civil de Cataluña, relativo a los derechos reales. (DOGC de 20-05-2015).

(…)

DISPOSICIONES TRANSITORIAS

(...)

D.T. 5.ª Situaciones de comunidad.

Las situaciones de comunidad constituidas antes de la entrada en vigor del presente libro se rigen íntegramente por las normas del mismo, incluso en lo que concierne a la administración y al procedimiento de división.

D.T. 6.ª Régimen de propiedad horizontal.

1. Los edificios y conjuntos establecidos bajo el régimen de propiedad horizontal antes de la entrada en vigor del presente libro se rigen íntegramente por las normas del mismo, que, a partir de su entrada en vigor, se aplican con preferencia a las normas de comunidad o los estatutos que las regían, incluso si constan inscritas, sin que sea necesario ningún acto de adaptación específica.

2. La junta de propietarios, sin perjuicio de lo establecido por el apartado 1, debe adaptar los estatutos y, si procede, el título de constitución al presente código si lo pide una décima parte de los propietarios. Para adoptar el acuerdo que corresponde, es suficiente la mayoría de cuotas en primera convocatoria y la mayoría de las cuotas de los presentes o representados en segunda convocatoria. Si la adaptación que se propone no alcanza la mayoría necesaria, cualquiera de los propietarios que la ha propuesto puede solicitar a la autoridad judicial que obligue a la comunidad a hacer la adaptación. La autoridad judicial debe dictar una resolución, en todo caso, con imposición de las costas.

D.T. 7.ª Propiedades horizontales por parcelas preexistentes.

1. Las propiedades horizontales por parcelas existentes antes de la entrada en vigor del presente libro deben constituirse de acuerdo con las normas del título quinto. Una vez transcurrido el plazo de cinco años, cualquier propietario o propietaria puede pedir judicialmente el otorgamiento del título.

2. Para el otorgamiento del título, es suficiente el voto favorable de los propietarios que representen a dos terceras partes del total de las parcelas concernidas, pero es preciso aportar la licencia del ayuntamiento del término municipal donde está situada la urbanización, o bien acreditar que se ha solicitado con más de tres meses de anticipación respecto al otorgamiento de la escritura.

3. Las parcelas o los elementos privativos pueden describirse simplemente haciendo referencia a la descripción que consta en el Registro de la Propiedad, indicando el número que les corresponde en la urbanización, los datos registrales de cada una y, si procede, la referencia catastral, así como, si procede, los elementos privativos destinados al aprovechamiento exclusivo de determinados propietarios.

4. La descripción de los elementos comunes debe especificar los viales, espacios, zonas verdes y obras de infraestructura común que tenga la propiedad horizontal por parcelas, sin que sea imprescindible que conste la superficie ni la longitud de las calles, viales y zonas verdes.

5. Debe acompañarse el título de constitución, que se otorga de acuerdo con el artículo 553-57, del plano actualizado de las fincas que integran la propiedad horizontal por parcelas y de las fincas ocupadas por los elementos comunes. Si los viales han pasado al dominio público, el régimen de comunidad puede constituirse incluso si los propietarios de un número no superior al 20% de las parcelas concernidas no se integran en la misma.

6. Para que las modificaciones que provienen de la adaptación del título de constitución o del otorgamiento de un nuevo título, si procede, consten en el Registro de la Propiedad, debe abrirse un folio separado e independiente para la urbanización en conjunto y debe hacerse una referencia con una nota marginal a cada una de las inscripciones de las fincas privativas, en la cual debe hacerse constar la cuota que le corresponde, de acuerdo con el artículo 553-58.

7. Las asociaciones de propietarios legalmente constituidas tienen la consideración de propietarios si los bienes que gestionan son de su propiedad y sus bienes tienen la calificación que resulta de la titularidad y el destino establecidos por el título. Los órganos de gobierno de estas asociaciones están legitimados para promover y gestionar el proceso de constitución de la propiedad horizontal por parcelas.

8. La propiedad de los bienes corresponde particularmente a los miembros de las asociaciones de propietarios de acuerdo con las normas civiles si dichos bienes no son patrimonio de la asociación o si esta no está legalmente constituida.

9. El otorgamiento del título de constitución no permite ni comporta en ningún caso la regularización de situaciones urbanísticamente irregulares y no comporta necesariamente la extinción de las asociaciones de propietarios.

Ver D.T. Única de la Ley 5/2015, de 13 de mayo, de modificación del libro quinto del Código civil de Cataluña, relativo a los derechos reales

D.T. 8.ª Medianería de carga.

Las paredes de carga que tenían la consideración de medianeras antes del 8 de agosto de 1990 continúan rigiéndose por la legislación anterior a aquella fecha mientras se conserven, aunque no se haya hecho uso del derecho de carga, hasta que hayan transcurrido diez años desde la entrada en vigor del presente libro.

XV.-
LEY 29/2002, DE 30 DE DICIEMBRE. PRIMERA
LEY DEL CÓDIGO CIVIL DE CATALUÑA

–DOGC n.º 3798 de 13 de enero de 2003–

(Extracto: Disposiciones del Código Civil de Cataluña relativas a sistema de fuentes del Derecho Civil de Cataluña, prescripción y caducidad)

En cuanto a sistema de fuentes del Derecho Civil Catalán, prescripción y caducidad son de aplicación los siguientes artículos del mismo Código:

(...)

LIBRO PRIMERO
DISPOSICIONES GENERALES

TÍTULO I
Disposiciones preliminares

ART. 111-1. Derecho civil de Cataluña

1. El derecho civil de Cataluña está constituido por las disposiciones del presente Código, las demás leyes del Parlamento en materia de derecho civil, las costumbres y los principios generales del derecho propio.

2. La costumbre solo rige en defecto de ley aplicable.

ART. 111-2. Interpretación e integración

1. En su aplicación, el derecho civil de Cataluña debe interpretarse y debe integrarse de acuerdo con los principios generales que lo informan, tomando en consideración la tradición jurídica catalana.

2. En especial, al interpretar y aplicar el derecho civil de Cataluña deben tenerse en cuenta la jurisprudencia civil del Tribunal de Casación de Cataluña y la del Tribunal Superior de Justicia de Cataluña no modificadas por el presente Código u otras leyes. Una y otra pueden ser invocadas como doctrina jurisprudencial a los efectos del recurso de casación.

ART. 111-3. Territorialidad

1. El derecho civil de Cataluña tiene eficacia territorial, sin perjuicio de las excepciones que puedan establecerse en cada materia y de las situaciones que deban regirse por el estatuto personal u otras normas de extraterritorialidad.

2. Lo establecido por el apartado 1 se aplica también al derecho local, escrito o consuetudinario, propio de algunos territorios o poblaciones, en la medida en que la ley remita al mismo.

3. Las personas extranjeras que adquieran la nacionalidad española quedan sometidas al derecho civil catalán mientras mantengan la vecindad administrativa en Cataluña, salvo que manifiesten su voluntad en contra.

4. La vecindad local es determinada por las normas que rigen la vecindad civil.

ART. 111-4. Carácter de derecho común

Las disposiciones del presente Código constituyen el derecho común en Cataluña y se aplican supletoriamente a las demás leyes.

ART. 111-5. Preferencia y supletoriedad

Las disposiciones del derecho civil de Cataluña se aplican con preferencia a cualesquiera otras. El derecho supletorio solo rige en la medida en que no se opone a las disposiciones del derecho civil de Cataluña o a los principios generales que lo informan.

ART. 111-6. Libertad civil

Las disposiciones del presente Código y de las demás leyes civiles catalanas pueden ser objeto de exclusión voluntaria, de renuncia o de pacto en contrario, a menos que establezcan expresamente su imperatividad o que ésta se deduzca necesariamente de su contenido. La exclusión, la renuncia o el pacto no son oponibles a terceros si pueden resultar perjudicados por ellos.

(…)

TÍTULO II
La prescripción y la caducidad

CAPÍTULO I
La prescripción

Sección 1ª. Disposiciones generales

ART. 121-1. Objeto

La prescripción extingue las pretensiones relativas a derechos disponibles, tanto si se ejercen en forma de acción como si se ejercen en forma de excepción. Se entiende por pretensión el derecho a reclamar de otra persona una acción o una omisión.

ART. 121-2. Pretensiones no prescriptibles

No prescriben las pretensiones que se ejercen mediante acciones meramente declarativas, incluida la acción de declaración de cualidad de heredero o heredera; las de división de cosa común; las de partición de herencia; las de delimitación de fincas contiguas, ni las de elevación a escritura pública de un documento privado, ni tampoco las pretensiones relativas a derechos indisponibles o las que la ley excluya expresamente de la prescripción.

ART. 121-3. Imperatividad

Las normas sobre prescripción son de naturaleza imperativa. Sin embargo, las partes pueden pactar un acortamiento o un alargamiento del plazo no superiores, respectivamente, a la mitad o al doble del que está legalmente establecido, siempre y cuando el pacto no comporte indefensión de ninguna de las partes.

ART. 121-4. Alegación

La prescripción no puede ser apreciada de oficio por los tribunales, sino que debe ser alegada judicial o extrajudicialmente por una persona legitimada.

ART. 121-5. Legitimación

Pueden alegar y hacer valer la prescripción:
a) Las personas obligadas a satisfacer la pretensión.
b) Las terceras personas perjudicadas en sus intereses legítimos por la falta de oposición o por la renuncia a la prescripción consumada, excepto si ha recaído sentencia firme sobre la misma.

ART. 121-6. Personas frente a las cuales la prescripción produce efectos

1. La prescripción produce efectos en perjuicio de cualquier persona, salvo en los casos de suspensión.

2. La persona titular de la pretensión prescrita tiene acción para reclamar el resarcimiento de los daños que deriven de la misma a las personas a las cuales sean imputables.

ART. 121-7. Sucesión en la prescripción

El transcurso, la interrupción y la suspensión del tiempo de prescripción benefician o perjudican, según proceda, a la persona que suceda a la que tenía la posición activa o pasiva de la relación jurídica que originó la pretensión.

ART. 121-8. Efectos

1. El efecto extintivo de la prescripción, una vez alegada y apreciada, se produce cuando se cumple el plazo.

2. La extinción por prescripción de la pretensión principal se extiende a las garantías accesorias, aunque no haya transcurrido su propio plazo de prescripción.

ART. 121-9. Irrepetibilidad

No puede repetirse el pago efectuado en cumplimiento de una pretensión prescrita, aunque se haya hecho con desconocimiento de la prescripción.

ART. 121-10. Renuncia

1. La renuncia anticipada a la prescripción es nula, si bien la realizada en el transcurso del plazo de prescripción produce los efectos de la interrupción.

2. Cualquier persona obligada a satisfacer la pretensión puede renunciar a la prescripción consumada.

3. Cualquier acto incompatible con la voluntad de hacer valer la prescripción supone renunciar a la misma. 4. La renuncia, efectuada válidamente, a la prescripción consumada deja subsistente la pretensión a que se refiere, pero no impide la futura prescripción de la misma.

Sección 2ª. Interrupción de la prescripción

ART. 121-11. Causas de interrupción

Son causas de interrupción de la prescripción:

a) El ejercicio de la pretensión frente a los tribunales, aunque sea desestimada por defecto procesal.

b) El inicio del procedimiento arbitral relativo a la pretensión.

c) La reclamación extrajudicial de la pretensión.

d) El reconocimiento del derecho o la renuncia a la prescripción de la persona contra quien puede hacerse valer la pretensión en el transcurso del plazo de prescripción.

Modificado por Ley 6/2015, de 13 de mayo, de armonización del Código civil de Cataluña. (CATALUNA de 20-05-2015).

ART. 121-12. Requisitos de la interrupción

Para que la interrupción de la prescripción sea eficaz deben cumplirse los siguientes requisitos:

a) Si el acto que la interrumpe consiste en el ejercicio de la pretensión, es preciso que:

Primero. Proceda de la persona titular de la pretensión o de una tercera persona que actúe en defensa de un interés legítimo y que tenga capacidad suficiente.

Segundo. Se efectúe ante el sujeto pasivo de la pretensión, antes de que se consume la prescripción.

b) Si el acto que interrumpe la prescripción consiste en el reconocimiento del derecho al que se vincula la pretensión o en la renuncia a la prescripción en curso, debe proceder del sujeto pasivo de la pretensión.

Modificado por Ley 6/2015, de 13 de mayo, de armonización del Código civil de Cataluña. (CATALUNA de 20-05-2015).

ART. 121-13. Alegación de la interrupción

La interrupción de la prescripción no puede ser apreciada de oficio por los tribunales, sino que debe ser alegada por la parte a quien beneficia.

Legislación
Catalana

ART. 121-14. Efectos de la interrupción

La interrupción de la prescripción determina que empiece a correr de nuevo y completamente el plazo, que vuelve a computarse del siguiente modo:

a) En caso de ejercicio extrajudicial de la pretensión, desde el momento en que el acto de interrupción pase a ser eficaz.

b) En caso de ejercicio judicial de la pretensión, desde el momento en que la sentencia o la resolución que pone fin al procedimiento pasen a ser firmes, o, si aquel no ha prosperado por defecto procesal, desde el mismo momento del ejercicio de la acción con el que se exige la pretensión.

c) En caso de arbitraje, desde el momento en que se dicte el laudo, desde el desistimiento del procedimiento arbitral o desde la finalización de este por las demás causas establecidas por la ley.

d) En caso de reconocimiento del derecho al que se vincula la pretensión y en caso de renuncia a la prescripción en curso, desde el momento en que pasen a ser eficaces

Modificado por Ley 6/2015, de 13 de mayo, de armonización del Código civil de Cataluña. (CATALUNA de 20-05-2015).

Sección 3ª. Suspensión de la prescripción

ART. 121-15. Suspensión por fuerza mayor

1. La prescripción se suspende si la persona titular de la pretensión no puede ejercerla, ni por ella misma ni por medio de representante, por causa de fuerza mayor concurrente en los seis meses inmediatamente anteriores al vencimiento del plazo de prescripción.

2. Los efectos de la suspensión no se inician en ningún caso antes de los seis meses establecidos por el apartado 1, aunque la fuerza mayor sea preexistente.

ART. 121-16. Suspensión por razones personales o familiares

La prescripción también se suspende:

a) En las pretensiones de las que sean titulares personas menores de edad o con discapacidad mientras no dispongan de representación legal o mientras no hayan nombrado a un apoderado, de acuerdo con lo establecido por el artículo 222-2.1, en el ámbito de sus funciones.

b) En las pretensiones entre cónyuges, mientras dura el matrimonio, hasta la separación legal o de hecho.

c) En las pretensiones entre los miembros de una pareja estable, mientras se mantiene la convivencia.

d) En las pretensiones entre el padre o la madre y los hijos en potestad, hasta que ésta se extingue por cualquier causa.

e) En las pretensiones entre la persona que ejerce los cargos de tutor, curador, administrador patrimonial, defensor judicial o acogedor y la persona menor o que tenga la capacidad judicialmente modificada, mientras se mantiene la función correspondiente.

f) En las pretensiones entre la persona protegida y el apoderado, de acuerdo con lo establecido por el artículo 222-2.1, en el ámbito de sus funciones.

Modificado por Ley 3/2017, de 15 de febrero, del libro sexto del Código civil de Cataluña, relativo a las obligaciones y los contratos, y de modificación de los libros primero, segundo, tercero, cuarto y quinto. (CATALUNA de 22-02-2017).

ART. 121-17. Suspensión con respecto a la herencia yacente

La prescripción de las pretensiones entre las personas llamadas a heredar y la herencia yacente se suspende mientras no sea aceptada la herencia.

ART. 121-18. Suspensión por razón de la mediación

1. La solicitud de inicio de la mediación, hecha de conformidad con la ley que la regula, suspende la prescripción de las pretensiones desde la fecha en que conste la recepción de dicha solicitud por el mediador o el depósito de esta ante la institución de mediación.

2. Si en el plazo de quince días naturales, a contar de la recepción o el depósito de la solicitud, no se firma el acta de la sesión constitutiva del procedimiento de mediación, se reanuda el cómputo del plazo de prescripción.

3. La suspensión se prolonga hasta la fecha de la firma del acuerdo de mediación o, subsidiariamente, la firma del acta final, o hasta que finaliza la mediación por alguna de las causas establecidas por la ley que la regula.

Modificado por Ley 6/2015, de 13 de mayo, de armonización del Código civil de Cataluña. (CATALUNA de 20-05-2015).

ART. 121-19. Alegación y efectos de la suspensión

1. La suspensión de la prescripción no puede ser tenida en cuenta de oficio por los tribunales, sino que debe ser alegada por la parte a quien beneficia, salvo la producida en los supuestos establecidos por el artículo 121-16.a, cuando afecte a personas que aún son menores o que son incapaces.

2. El tiempo durante el cual la prescripción queda suspendida no se computa en el plazo de prescripción.

Modificado por Ley 6/2015, de 13 de mayo, de armonización del Código civil de Cataluña. (CATALUNA de 20-05-2015).

Sección 4ª. Plazos de prescripción y cómputo

ART. 121-20. Prescripción decenal

Las pretensiones de cualquier clase prescriben a los diez años, a menos que alguien haya adquirido antes el derecho por usucapión o que el presente Código o las leyes especiales dispongan otra cosa.

ART. 121-21. Prescripción trienal

Prescriben a los tres años:

a) Las pretensiones relativas a pagos periódicos que deban efectuarse por años o plazos más breves.

b) Las pretensiones relativas a la remuneración de prestaciones de servicios y de ejecuciones de obra. c) Las pretensiones de cobro del precio en las ventas al consumo.

d) Las pretensiones derivadas de responsabilidad extracontractual.

ART. 121-22. Prescripción anual

Las pretensiones protectoras exclusivamente de la posesión prescriben al cabo de un año.

ART. 121-23. Cómputo del plazo

1. El plazo de prescripción se inicia cuando, nacida y ejercible la pretensión, la persona titular de la misma conoce o puede conocer razonablemente las circunstancias que la fundamentan y la persona contra la cual puede ejercerse.

2. En el cómputo del plazo de prescripción no se excluyen los días inhábiles ni los festivos. El cómputo de días se hace por días enteros. El día inicial se excluye y el día final debe cumplirse totalmente.

3. El cómputo de meses o años se hace de fecha a fecha. Si en el mes del vencimiento no existe el día correspondiente al inicial, se considera que el plazo finaliza el último día del mes.

ART. 121-24. Plazo de preclusión

Cualquier pretensión susceptible de prescripción se extingue en todo caso por el transcurso ininterrumpido de treinta años desde su nacimiento, con independencia de que hayan concurrido en la misma causas de suspensión o de que las personas legitimadas para ejercerla no hayan conocido o no hayan podido conocer los datos o las circunstancias a que hace referencia el artículo 121-23, en materia de cómputo de plazos.

CAPÍTULO II
La caducidad

ART. 122-1. Caducidad de acciones y otros poderes jurídicos

1. Las acciones y los poderes de configuración jurídica sometidos a caducidad se extinguen por el vencimiento de los plazos correspondientes.

Legislación
Catalana

2. La caducidad de las acciones o de los poderes de configuración jurídica deja de tener efecto únicamente si una persona legitimada los ejerce adecuadamente.

3. Las normas sobre caducidad son de naturaleza imperativa, sin perjuicio de lo dispuesto por el artículo 122-3.1 en materia de suspensión.

ART. 122-2. Caducidad en las relaciones jurídicas indisponibles

1. En las relaciones jurídicas indisponibles los plazos establecidos legalmente no pueden suspenderse.

2. En las relaciones jurídicas indisponibles la caducidad debe ser apreciada de oficio por los tribunales.

ART. 122-3. Caducidad en las relaciones jurídicas disponibles

1. El plazo de caducidad se suspende de acuerdo con lo establecido por los artículos del 121-15 al 121-19 en lo que concierne a la suspensión de la prescripción, o por acuerdo expreso de las partes. La suspensión se levanta una vez agotado el plazo pactado o, en su defecto, a partir del momento en que cualquiera de las partes denuncie el acuerdo de forma fehaciente.

2. Cuando se trata de relaciones jurídicas disponibles, la caducidad no debe ser apreciada de oficio por los tribunales, sino que debe ser alegada por una persona legitimada.

ART. 122-4. Caducidad convencional

La caducidad convenida por las partes se rige, en defecto de pacto, por las disposiciones sobre caducidad en las relaciones jurídicas disponibles establecidas por el presente Código.

ART. 122-5. Cómputo del plazo y preclusión

1. El plazo de caducidad se inicia, en defecto de normas específicas, cuando nace la acción o cuando la persona titular puede conocer razonablemente las circunstancias que fundamentan la acción y la persona contra la cual puede ejercerse. En todo caso, se aplica también a la caducidad lo dispuesto por el artículo 121-24 en materia de preclusión.

2. En el cómputo del plazo de caducidad no se excluyen los días inhábiles ni los festivos. El cómputo de días se hace por días enteros. El día inicial se excluye y el día final debe cumplirse totalmente.

3. El cómputo de meses o años se hace de fecha a fecha. Si en el mes del vencimiento no existe el día correspondiente al inicial, se considera que el plazo finaliza el último día del mes.

(...)

LEGISLACIÓN NAVARRA

LEY 1/1973, DE 1 DE MARZO, POR LA QUE SE APRUEBA LA COMPILACIÓN DEL DERECHO CIVIL FORAL DE NAVARRA
–BOE N.º 57, de 7 de marzo de 1973–

(Extracto: Leyes 427 a 442)

(…)

TÍTULO V
Del derecho de superficie y otros derechos similares

CAPÍTULO I
Disposiciones generales

LEY 427. Principio general

Se presume que lo unido inseparablemente al suelo accede a la propiedad de este, pero puede existir un derecho real sobre lo edificado o plantado en suelo ajeno, como derechos de superficie, de sobreedificación o subedificación, de propiedad horizontal y de plantación.

Además, las edificaciones realizadas de buena fe sobre suelo ajeno, ya sea total o parcialmente, permitirán al que las hubiera realizado adquirir la propiedad del mismo siempre que lo edificado tenga un valor superior al del suelo y constituya con él una unidad indivisible, y previa la correspondiente indemnización por su valor y por los daños y perjuicios que, en su caso, se hubieran ocasionado.

Ley aplicable. En cuanto al régimen de propiedad horizontal, se estará a lo dispuesto en el Código Civil y leyes que lo desarrollan. Para los demás derechos mencionados se observará lo dispuesto en el presente título.

Modificado por Ley Foral 21/2019, de 4 de abril, de modificación y actualización de la Compilación del Derecho Civil Foral de Navarra o Fuero Nuevo. (Boletín Oficial de Navarra de 16-04-2019).

LEY 428. Régimen

Los derechos mencionados en la ley anterior se regirán por las reglas siguientes:

1. Pueden constituirse por actos 'inter vivos' o 'mortis causa', a título oneroso o lucrativo, bien por constitución directa mediante enajenación o concesión, bien mediante reserva o retención en un acto de transmisión de la propiedad.

2. Pueden establecerse por tiempo determinado o indefinido, presumiéndose esto último si no se dispone lo contrario.

3. Son inscribibles en el Registro de la Propiedad, aunque no se determinen los elementos accidentales, como plazo de iniciación o terminación, características, presupuestos, mejoras, usos, explotación, destino o conservación de la obra a realizar.

4. Son transmisibles por actos 'inter vivos' o 'mortis causa', a no ser que se constituyesen como personalísimos o se hubiere condicionado su transmisión al consentimiento del propietario, o limitado de otro modo su transmisibilidad.

5. Son hipotecables en la misma medida que son transmisibles. Lo edificado o plantado en ejercicio de estos derechos quedará sujeto a la misma hipoteca.

6. Pueden ser objeto de usufructo y otros derechos similares, pero no pueden gravarse con servidumbres sin consentimiento del propietario. En el caso de establecerse sin este consentimiento será aplicable lo que respecto a la comunidad dispone la ley 372.

7. El titular puede, por sí solo, constituir servidumbres a favor del inmueble a que tales derechos se refieren; y en ningún caso puede el propietario por sí solo extinguir las servidumbres en perjuicio de aquellos derechos.

8. Salvo disposición en contrario, no son redimibles contra la voluntad de su titular.

9. En caso de enajenación de estos derechos o de la propiedad, no habrá lugar al tanteo y retracto.

Modificado por Ley Foral 21/2019, de 4 de abril, de modificación y actualización de la Compilación del Derecho Civil Foral de Navarra o Fuero Nuevo. (Boletín Oficial de Navarra de 16-04-2019).

LEY 429. Confusión

Si se reunieran en un mismo titular la propiedad del suelo y uno de estos derechos especiales sobre el mismo, los derechos reales que afecten a una y otros continuarán gravándolos separadamente.

CAPÍTULO II
Del derecho de superficie

LEY 430. Concepto

El derecho real de superficie confiere la facultad de construir en suelo ajeno y de mantener separada la propiedad de lo construido. Este derecho puede referirse también a edificación subterránea.

Extensión

La extensión del derecho del superficiario alcanza aquella parte del subsuelo que normalmente se precisa para el aprovechamiento de la superficie a los efectos de cimientos, desagües, ventilación y demás necesidades propias del edificio según su naturaleza.

LEY 431. Cargas

Salvo pacto en contrario, el superficiario, desde que inicie la construcción, pagará todos los impuestos, contribuciones y cargas por razón del inmueble. En caso de pluralidad de construcciones, cada titular pagará, íntegra y exclusivamente, las que correspondan a la suya.

LEY 432. Normas de regulación

El superficiario establecerá las normas por las que se regirá el uso y disfrute del inmueble edificado y de cada uno de los espacios suficientemente delimitado y susceptible de aprovechamiento independiente, las que no podrán afectar al suelo.

Modificado por Ley Foral 21/2019, de 4 de abril, de modificación y actualización de la Compilación del Derecho Civil Foral de Navarra o Fuero Nuevo. (Boletín Oficial de Navarra de 16-04-2019).

LEY 433. Perecimiento del edificio

Si la edificación pereciere, no se extinguirá el derecho de superficie y el superficiario podrá proceder a la reconstrucción.

LEY 434. Reversión

Cuando la superficie se hubiere establecido por tiempo determinado o bajo condición resolutoria, al vencimiento de éstos lo edificado revertirá a la propiedad, sin compensación o con ella según se haya pactado.

CAPÍTULO III
De los derechos de sobreedificación y subedificación

LEY 435. Concepto

Los derechos reales de sobreedificación y subedificación conceden a su titular la facultad de construir una o más plantas sobre un edificio o por debajo de éste, respectivamente, en un edificio ya existente o que se construyere con posterioridad.

Ejercicio

Para su ejercicio se requiere siempre, además de la correspondiente aprobación administrativa, la determinación de los derechos sobre los elementos comunes del inmueble, en relación con la naturaleza de la obra, la seguridad del edificio y las limitaciones legales. En todo caso, los propietarios, arrendatarios u otros usuarios del edificio deberán ser indemnizados de los daños y perjuicios que ocasione el ejercicio de estos derechos.

LEY 436. Copropiedad y propiedad horizontal

Cuando el edificio se halle en régimen de copropiedad o de propiedad horizontal, la facultad de sobreedificar o subedificar pertenecerá a los condueños en proporción a sus respectivas cuotas en la propiedad o en los elementos comunes. En ambos casos, la concesión de estos derechos requerirá el consentimiento de todos los partícipes, que deberán expresar las reglas que deban aplicarse en la determinación de la cuotas de propiedad o en elementos comunes que correspondan a los elementos privativos situados en las plantas nuevas y las que correspondan a los situados en las plantas preexistentes.

Modificado por Ley Foral 21/2019, de 4 de abril, de modificación y actualización de la Compilación del Derecho Civil Foral de Navarra o Fuero Nuevo. (Boletín Oficial de Navarra de 16-04-2019).

LEY 437. Contenido.

El titular puede construir el número de plantas que el título hubiere fijado. En defecto de determinación, se entenderá autorizado para construir cuantas fueren posibles, sin más limitaciones que las administrativas y las que imponga la seguridad del inmueble. Salvo pacto en contrario, quedarán extinguidos estos derechos una vez terminada la construcción realizada en ejercicio de los mismos.

LEY 438. Limitaciones administrativas.

Las limitaciones administrativas que impidan al titular del derecho su ejercicio total o parcial, salvo pacto en contrario, no extinguirán este derecho ni darán lugar a responsabilidad por parte del concedente.

LEY 439. Régimen de las nuevas edificaciones

Las construcciones realizadas en ejercicio de estos derechos se constituirán en régimen de propiedad horizontal con el resto del edificio.

Cuando las cuotas sobre los elementos comunes no se hubieren establecido en el título, ni se hubiere fijado el procedimiento para determinarlas, se requerirá el consentimiento de todos los propietarios del inmueble. Sin embargo, respecto a las construcciones subterráneas, podrá convenirse que sean accesorias de otras preexistentes, sin modificar las cuotas ya establecidas en los elementos comunes.

LEY 440. Declaración de obra nueva

Salvo pacto en contrario, el titular puede otorgar por sí solo la escritura pública de declaración de obra nueva y de rectificación de la descripción del edificio.

LEY 441. Perecimiento del edificio

Si la edificación pereciere, no se extinguirán estos derechos, y sus titulares conservarán respecto al edificio construido el mismo derecho que anteriormente tenían.

LEY 442. Ordenación urbana

Si a consecuencia de la ordenación o urbanización del suelo se subrogare en lugar del inmueble una parcela con otro volumen de edificabilidad, el titular de los derechos de sobreedificación o subedificación tendrá en el nuevo volumen una parte proporcional al derecho que antes tenía.

Legislación Navarra

HABITABILIDAD

XVII.-
DECRETO 469/1972, DE 17 DE FEBRERO, SOBRE SIMPLIFICACIÓN DE TRÁMITES PARA EXPEDICIÓN DE LA CÉDULA DE HABITABILIDAD
–BOE N.º 56, de 6 de marzo de 1972–

El Decreto de 23 de noviembre de 1940 confirió a la Fiscalía de la Vivienda la función de velar por las condiciones de salubridad e higiene de la morada humana. A tal efecto se le atribuyó por la propia disposición, entre obras competencias, la de conceder o denegar la autorización para ocuparlas, mediante el otorgamiento de la encalla de habitabilidad. De este trámite se hallan exentas las primeras habitaciones de las viviendas acogidas al régimen de Viviendas de Protección Oficial, en virtud de lo establecido por el artículo 103 del vigente Reglamento de 24 de julio de mil 1968.

La experiencia en el ejercicio de tales funciones y alojamientos de carácter residencial aconsejan articular un procedimiento ágil para la expedición de la cédula de habitabilidad sin perjuicio de que queden garantizadas las condiciones de salubridad de aquélla y procurando, además, que sirvan de medio eficaz para dar cumplimiento a la estadística de edificación y viviendas establecida por Orden de le Presidencia del Gobierno de 13 de noviembre de 1978.

En su virtud, a propuesta del Ministro de la Vivienda y previa deliberación del Consejo de Ministros en su reunión del día 18 de febrero de 1972,

DISPONGO:

ART. 1.

La expedición de las cédulas de habitabilidad establecidas por Decreto de 23 de noviembre de 1940 se sujetará el procedimiento que se regula por el presente Decreto.

ART. 2.

Cuando se trate de primeras ocupaciones de edificios destinados a viviendas o alojamientos de carácter residencial, no acogidos al régimen de Viviendas de Protección Oficial, los promotores presentarán en la correspondiente Delegación Provincial del Ministerio de la Vivienda, a la terminación de las obras, los siguientes documentos:

a) Cuestionario estadístico de edificación y viviendas terminadas establecido por la Orden de la Presidencia del Gobierno de trece de noviembre de mil novecientos sesenta y ocho y relación complementaria de identificación de viviendas comprendidas en el mismo.

b) Certificado final de obras suscrito por Arquitecto técnico o Aparejador y Arquitecto y visado por los respectivos Colegios Profesionales, de conformidad con lo dispuesto en el artículo sexto del Decreto cuatrocientos sesenta y dos/mil novecientos setenta y uno, de once de marzo, y modelo normalizado por Orden de veintiocho de enero de mil novecientos setenta y dos, en el que se hará constar expresamente el número total de viviendas terminada.

c) Licencia municipal de primera utilización o, en su defecto, licencia municipal de obras.

Modificado por Real Decreto 129/1985, de 23 de enero, por el que se modifican los Decretos 462/1971, de 11 de marzo, y 469/1972, de 24 de febrero, referentes a dirección de obras de edificación y cédula de habitabilidad. (BOE de 07-02-1985).

ART. 3.

La cédula de habitabilidad se solicitará por los propietarios de viviendas o de edificaciones a que se refiere el articula anterior, mediante instancia dirigida a la Delegación Provincial del Ministerio de la Vivienda, la que, una vez compro hado el cumplimiento de lo que en él se dispone y el ingreso de la tasa regulada por el Decreto trescientos dieciséis/mil novecientos sesenta, de veinticinco de febrero, expedirá la cédula sin más trámites.

No obstante, la Delegación Provincial, cuando lo considere procedente, podrá acordar la visita al inmueble de sus Servicios Técnicos o de aquellos en que delegue antes de efectuar la expedición do la cédula de habitabilidad.

Están exentas de la exigencia de la Cédula de Habitabilidad las primeras ocupaciones de viviendas acogidas al régimen de viviendas de protección oficial, así como las segundas y posteriores ocupaciones de las viviendas que siendo propiedad de los Patronatos de Casas de las Fuerzas de Seguridad del Estado, de Casas para Militares y Patronatos de Casas para Funcionarios Públicos, sean cedidas en régimen de alquiler.

Modificado por Real Decreto 1320/1979, de 10 de mayo, por el que se modifica el artículo 3.º del Decreto 469/1972, de 24 de febrero, sobre expedición de cédulas de habitabilidad. (BOE de 07-06-1979).

ART. 4.

1. Para segundas y posteriores ocupaciones de alojamientos de carácter residencial y de toda clase de viviendas, la cédula de habitabilidad se expedirá previa visita de inspección de los Servicios Técnicos competentes.

2. Cuando los solicitantes de cédulas para primera ocupación no aporten el certificado final de obras a que se refiere el artículo 2, el órgano actuante requerirá a los Técnicos Directores de obra para su aportación, los cuales vendrán obligados a presentarlo en un plazo de quince días a partir del requerimiento.

Si transcurrido dicho plazo los Técnicos Directores no contestaren al requerimiento o no alegaran suficientes razones de carácter técnico o de falta de habitabilidad a juicio del órgano actuante, éste podrá acordar en resolución motivada que se expida la cédula previa inspección de los Servicios Técnicos competentes relativa a la comprobación de las condiciones de salubridad e higiene y con reserva de las responsabilidades que pudieran corresponder a los Técnicos Directores, como consecuencia del proceso de dirección de la obra respectiva.

Modificado por Real Decreto 129/1985, de 23 de enero, por el que se modifican los Decretos 462/1971, de 11 de marzo, y 469/1972, de 24 de febrero, referentes a dirección de obras de edificación y cédula de habitabilidad. (BOE de 07-02-1985).

ART. 5.

Las Empresas suministradoras de los servicios de agua, gas y electricidad no podrán formalizar ningún contrato definitivo de suministro sin que por el solicitante se presente documento que acredite haber obtenido la cédula de habitabilidad, o justifique su exención.

ART. 6.

El incumplimiento de lo dispuesto en el presente Decreto dará lugar a la aplicación de las medidas previstas en el Decreto de 23 de noviembre de 1940 y en la Orden de la Presidencia del Gobierno de 13 de noviembre de 1968.

ART. 7.

Se autoriza al Ministro de la Vivienda para las disposiciones necesarias para el desarrollo del presente Decreto y para adaptar el sistema que en él se establece a las viviendas propiedad de los Patronatos oficiales.

Así lo dispongo por el presente Decreto, dado en Madrid a 24 de febrero de 1972.

FRANCISCO FRANCO

El Ministro de la Vivienda,
VICENTE MORTES ALFONSO

Habitabilidad

XVIII.-
REAL DECRETO 1829/1978, DE 15 DE JULIO, POR EL CUAL SE DISPONEN DETERMINADAS OBLIGACIONES EN LA SOLICITUD DE LA CÉDULA DE HABITABILIDAD EN EDIFICACIONES DE NUEVA PLANTA

–BOE N.º 184, de 3 de agosto de 1978–

El Decreto 479/1972, de 24 de febrero, reguló el procedimiento de expedición de las cédulas de habitabilidad establecidas por Decreto de 23 de noviembre de 1940, disponiendo preceptivamente la presentación de determinados documentos cuando se tratare de primeras ocupaciones de edificios destinados a vivienda o alojamientos de carácter residencial, no acogidos al régimen de viviendas de protección oficial, procurando dar cumplimiento a la estadística de edificaciones y viviendas establecidas por Orden de la Presidencia del Gobierno de 13 de noviembre de 1978.

Por otra parte, implantado el régimen catastral de la Contribución Territorial Urbana, establecido por la Ley 41/1974, de 11 de junio, de Reforma Tributaria, se hace preciso establecer la debida coordinación entre los Departamentos interesados, que permita una permanente y eficaz conservación de los obtenidos documentos catastrales y que, junto a la exacción de la Contribución, son instrumentos muy importantes para la gestión económica de los Municipios y para el conocimiento de la propiedad urbana, así como para la ordenación del territorio.

En su virtud, a propuesta de los Ministros de Hacienda, del Interior y de Obras Públicas y Urbanismo, y previa deliberación del Consejo de Ministros en su reunión del día 15 de julio de 1978,

DISPONGO:

ART. 1.

Por las Delegaciones Provinciales del Ministerio de Obras Públicas y Urbanismo se erigirá que por los interesados en la obtención de la cédula de habitabilidad, cuando se trate de primeras ocupaciones de edificios destinados a vivienda o alojamientos de carácter residencial, se incluya, junto a la documentación solicitando dicha cédula, justificante de haber presentado la declaración de alta en la Contribución Territorial Urbana.

ART. 2.

Igual requisito se exigirá por los Ayuntamientos cuando se solicitase licencia de apertura de locales de negocios de nueva edificación.

Dado en Madrid a quince de julio de mil novecientos setenta y ocho.

JUAN CARLOS

El Ministro de la Presidencia,
JOSÉ MANUEL OTERO NOVAS

ÍNDICE ANALÍTICO LPH Y LEGISLACIÓN COMPLEMENTARIA

A

ANTENAS
Instalación de antenas colectivas, Ver **VII**, **VIII** y **IX**
Instalación de antenas de radioaficionados, Ver **V** y **VI**

APERCIBIMIENTO A TITULAR POR INFRACCIONES
Apercibimiento a titular por infracciones, 7.2 **I**

APROVECHAMIENTO INDEPENDIENTE
División y agregación, 10 **I**
Espacio delimitado y susceptible de aprovechamiento independiente, 1 y 3 **I**
Obras para aprovechamiento privativo, 17.8 **I**

ARRENDAMIENTO DE ELEMENTOS COMUNES
Arrendamiento de elementos comunes, 17.3 **I**

ASCENSOR
Ascensores, 10.1.b) y 17.2 **I**

ASISTENCIA A LAS JUNTAS
Asistencia a junta de propietarios, 15 **I**

AUSENCIA EN LAS JUNTAS
Ausentes a las Juntas, 17.8 **I**

AUTORIZACIÓN
Autorización administrativa, 10 **I**
Autorización de la Junta de propietarios, 7.2 **I**

B

BARRERAS ARQUITECTÓNICAS
Barreras arquitectónicas, 17 **I**; Ver normas **XI** y **XII**

BUHARDILLA
Buhardilla, 5 **I**

C

CADUCIDAD
Caducidad de la acción de impugnación, 18.3 **I**

CANALIZACIONES
Canalizaciones como elemento común, 396 **II**

CARGAS
Cargas, 3 y 9.1.e) **I**

CATALUÑA
Ver normas **XIV** y **XV**

CÉDULA DE HABITABILIDAD
CÉDULA DE HABITABILIDAD, VER NORMAS **XVII Y XVIII**

CERTIFICACIÓN
Certificación del acuerdo aprobatorio de la deuda, 21.2 **I**
Certificación sobre estado de deudas en caso de transmisión, 9.1.e) **I**

CIERRE
Cierre del acta, 19.3 **I**

CIMENTACIONES
Cimentaciones como elemento común, 396 **II**

CITACIÓN
Citación a junta de propietarios, 16 y 9.1.h) **I**

COEFICIENTE DE PARTICIPACIÓN
Ver **CUOTA DE PARTICIPACIÓN**

COBROS
Cobros, 20.d) **I**

D

S

T

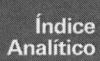